静女其姝

从静宜女中走出的她们

徐玲 编著

生活·讀書·新知 三联书店

图书在版编目（CIP）数据

静女其姝：从静宜女中走出的她们／徐玲编著. —北京：
生活·读书·新知三联书店，2016.9
ISBN 978 - 7 - 108 - 05386 - 2

Ⅰ. ①静…　Ⅱ. ①徐…　Ⅲ. ①女性－人物－生平事迹－中国－近现代
Ⅳ. ① K828.5

中国版本图书馆 CIP 数据核字（2016）第 020622 号

责任编辑　胡群英
装帧设计　蔡立国
责任校对　常高峰
责任印制　宋　家
出版发行　生活·讀書·新知 三联书店
　　　　　（北京市东城区美术馆东街 22 号　100010）
网　　址　www.sdxjpc.com
经　　销　新华书店
印　　刷　北京隆昌伟业印刷有限公司
版　　次　2016 年 9 月北京第 1 版
　　　　　2016 年 9 月北京第 1 次印刷
开　　本　635 毫米×965 毫米　1/16　印张 14.75
字　　数　151 千字　图 74 幅
定　　价　48.00 元
（印装查询：01064002715；邮购查询：01084010542）

少女时代的盖夏嬷嬷

穿修女服的盖夏嬷嬷

1921年盖夏嬷嬷创办了静宜女子中学的前身华美女学校

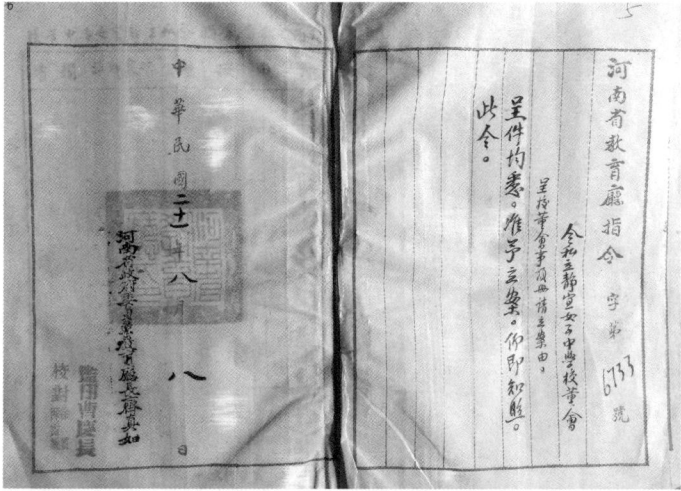

河南省教育廳指令　字第6733號

令私立靜宜女子中學校董會

呈為董事會詞冊請立案由

呈件均悉。准予立案。仰即知照。

此令。

中華民國二十一年八月八日

河南省政府教育廳之章

臨時省政員

校對員

1932年8月8日河南省教育厅准予立案的指令

23、

河南私立靜宜女子中學校招生

廣告

民國廿五年二月

本校現擬招收高初中各年級編級生　自即日起報名　二月三日考試外埠考生

如誤考期可於二月十五日前聲請補考　其他詳細手續逕向開封雙龍巷本校

詢問可也

30. 2,1-2,7

為佈告事　查室內不准踢球毽　後方便

再三警告……

溫如能上課不在室內踢毽　塵土飛揚

議決著記小過一次……懲戒……

家長外　特此佈告此週

静宜女子中学招生广告两则

静宜女子中学于1932年9月12日开办，最初有87名学生

河南开封私立静宜女子中学成立第一次开学纪念摄影于一九三二年九月一日

静宜女子中学第一次开学纪念

1933年静宜女子中学教职员工合影

河南私立静宜女子中学校第一届初中毕业留影 民国二十四年六月

First Graduates
Junior with the
Faculty – 1935

静宜女子中学第一届初中毕业生留影

静宜女子中学教学楼

静宜女子中学宿舍楼

静宜女子中学图书馆

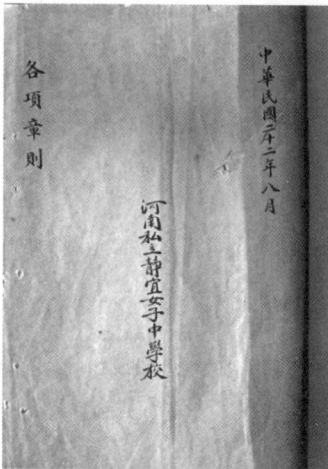

学校章程

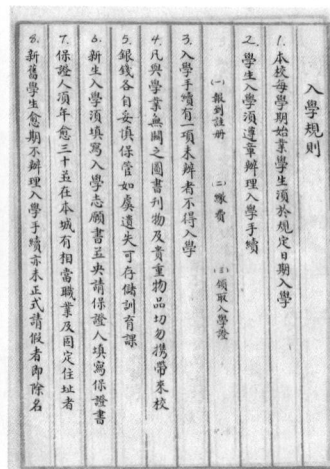

入学规则

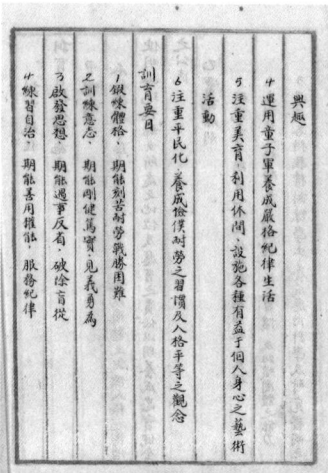

训育规程

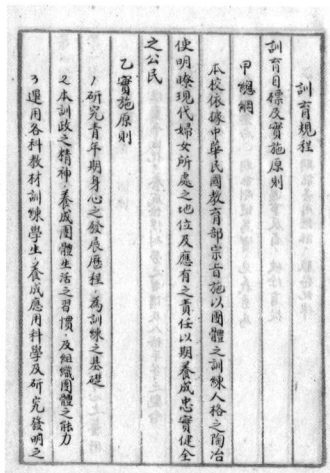

自修室規則

1. 凡規定自修時間不得無故缺席或遲到早退
2. 自修室禁止出聲誦讀或越位耳語妨害他人之自修
3. 自修室須負整潔之責
4. 自修室桌凳用具不得隨意搬動
5. 自修室內除公用燈外不得燃燭
6. 自修時間不准自由出入如欲外出時須向監視自修之教員請假
7. 自修室內一切動作應聽監視教員指揮不得故意擾亂

自修室規則

宿室規則

1. 床位號數編定之後不得自由調動
2. 室內桌凳不得任意遷移
3. 就寢起身不得過規定時間
4. 晨起後須將被褥折疊整齊束服放置櫃中
5. 熄燈後嚴禁燃燭火氣談笑及玩弄藥器
6. 不得在宿舍會客多更不得留客住宿
7. 室內嚴禁門窗他板床櫃等共同保護不得任意抹損壞海污
8. 室內須公同負整潔衛生之責
9. 在上課及自修時間宿室一律鎖門鑰匙由訓育課掌管非有特別事故

宿室規則

圖書室規則

1. 圖書室規定閱覽時間如左
　(一)每日上午八時至十時、下午一時至五時
　(二)星期日下午二時至五時
　(三)休假日期臨時通告
2. 各種參考書及雜誌報紙均可於規定時間內閱覽須放還原處
3. 圖書室內不得談笑為厲朗誦及一切不規則行為
4. 圖書報刊如有誤點閱者應隨時報告管理員不得自行刪改
5. 圖書室內須注重公共清潔不得任意嘔涕
6. 借閱書籍須依照規定手續否則不得攜出室外

圖書室規則

苏琳学籍表

胡新华学籍表

常华珍学籍表

张瑞亭学籍表

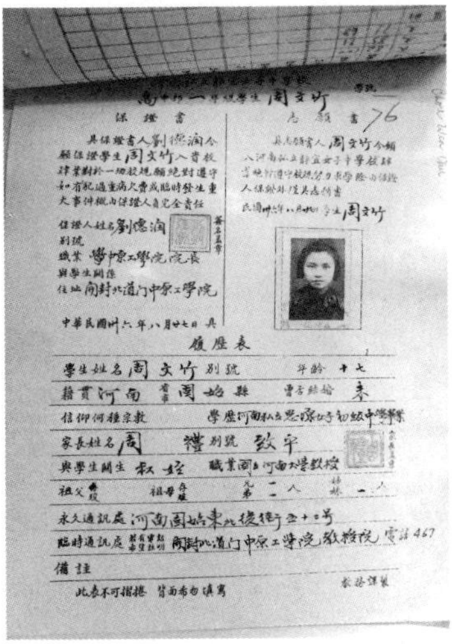

保證書

具保證書人劉德潤今願保證學生周文竹入貴校肄業對於一切校規願絕對遵守如有犯過重病大費或臨時發生重大事件概由保證人負完全責任

保證人姓名劉德潤
別號
職業 中原工學院院長
與學生關係
住址 開封北道门中原工學院

中華民國卅六年八月廿七日 具

履歷表

學生姓名 周文竹 別號 年齡 十七
籍貫 河南省 開始縣
信仰何種宗教 學歷 河南私立
家長姓名 周 禮 別號 致平
與學生關係 叔侄 職業 國立河南大學教授
永久通訊處 河南開始東北後街
臨時通訊處 開封北道门中原工學院教授院 電話467
備註
此表不可摺捲 背面希勿填寫

周文竹学籍表

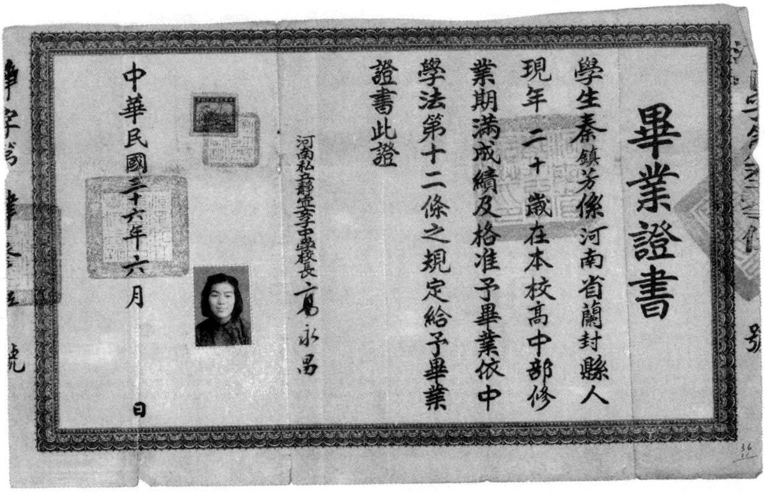

畢業證書

學生秦鎮芳係河南省蘭封縣人現年二十歲在本校高中部修業期滿成績及格准予畢業依中學法第十二條之規定給予畢業證書此證

河南私立靜宜女子中學校長 葛永昌

中華民國三十六年六月 日

静宜女子中学毕业证书

学校教职员工名单1

学校教职员工名单2

河南私立静宜女子中學校校董會呈請立案事項表　民國廿三年八月四日

名　稱	河南私立静宜女子中學校校董會
事務所在處地	開封法院東街八號
擬設立年月日	民國二十六年八月二日
資産貢金額	省金二萬元年利百得二十元校董會共捐九十元作為學校 其他收入詳
經常費	購置校基及建築費等費約四萬元為臨時費
如何項目	

姓名	籍貫	職業	住址
馬相伯	江蘇丹徒	前北京大學校長	上海徐家匯
夏景如	河北天津	女子中學教員	天津老西開
陵伯鴻	江蘇上海	北平中央醫院董事	上海徐家匯
朱志堯	江蘇上海	商水新亞麻廠	上海徐家匯
英千里	河北北平	輔仁大學秘書長	北平史閘大街
張　嶸	湖南洲陰	輔仁大教育學院院長	北平庋府大街
謝翰英	河北北平	輔仁大學附中教員	河南開封
英斂之	河南開封	河南開封	河南開封
英啟良	河北北平	北京大學國學研究院研究員	河南開封

校董

董事

備考

静宜女子中学校董会名单

校董齐真如

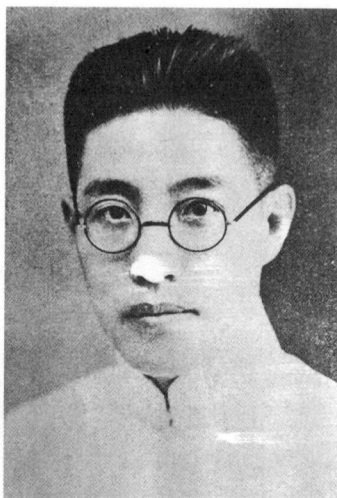

校董英启良

校董陆伯鸿

校董马相伯

目　录

序

张家顺（河南省文史馆馆员，原开封市副市长）

翻阅一部经典，偶尔翻到某一页，甚至不经意地读到其中的一个小注，便立刻会被它吸引：它或者告诉你一个动人心魄的故事，或者告诉你一个你很希望了解的知识，或者带给你一种让你动情的意境，你会由衷地感慨这本书太厚重了！

开封，就像一本厚重的历史文化典籍，随意翻到哪一页，都有饱含文化意蕴的精彩故事可以令你沉潜其中，反复回味。今天，我们翻开《静女其姝》这本书，就好像随意把开封这本厚重的书翻到了民国的某一年，我们一起走进了一条窄窄的小巷……

这条不太起眼的小巷，叫双龙巷，长不过五百米，宽不过八九米，大大小小的院落里杂居着一些很普通的老百姓。可是谁能相信，这条小巷宋朝的时候就住过两位皇帝，是名副其实的天下第一巷。到了1932年8月，来自美国印第安纳州圣玛利森林的主顾修女会的盖夏嬷嬷在这里创办了一所私立女子中学——静宜女子中学（简称静宜女中，现在的开封市第八中学）。十几年的光景，这所中学里居然陆续走出了一大批杰出的女性，她们的故事足以令人感叹唏嘘，掩卷深思。

上世纪30年代，一方面由于"五四"以来新文化运动思潮的激荡，西学东渐，民智渐开，外面的声音逐渐唤醒了很多女孩子的心，她们开始勇敢地走出家门，走向世界；另一方面她们面前又是风雨如磐阴霾遍布的天、满目疮痍支离破碎的地，国家民族的命运危如累卵，自己的前途命运和自己的祖国一样一片渺茫。可也恰恰是这个时代造就了她们不凡的性格：坚韧不拔、自强自立、勇于担当、宽厚博爱。这种性格也是成就她们一生事业的最根本的因素。

这本书所介绍的几位从静宜女中走出去的令人敬佩的女士，虽然她们所走的道路、所进入的领域、所取得的成就不同，但她们身上都具有中华民族的传统美德和新时代的思想光辉。这无疑和她们在静宜女中所接受的教育是分不开的。静宜女中虽然是所教会学校，但在那个民族危亡的年代，它以其博爱的精神，庇护了很多苦难的百姓。它培养了学子们良好的道德行为规范，给了她们自强自立的信念和本领。它打开了学子们的视野，给了她们闯天下的勇气。一路走来，历经坎坎坷坷甚至血雨腥风，她们身上那种最让人感佩的精神，始终没有泯灭，成为留给后人的最宝贵的财富。

王佩英、孙维世的坚强和至死不渝的信念，可以惊天地泣鬼神；王克勤坚持走艰苦卓绝的求学、探索之路，所取得的非凡成就可以永远激励后人；席佩兰（李野）的大气恢宏，处处坦然，其风范令人肃然起敬；任均、赵抒音对艺术的热爱、执着、敬畏，既精益求精、不懈追求，又淡泊名利、虚怀若谷，其品德足以令当今多少所谓的大腕们汗颜；郭晋秀知恩图报，永不忘怀培育自己的学校和恩师，眷眷之情老而弥深，令人感动；吴静芳那种宽博深厚的大爱、那种纯洁无私的奉献，给了多少人温暖和护佑……

这些杰出的巾帼是从开封走出去的，是从静宜女中走出去的，这是留给我们的宝贵财富，她们令我们自豪，更令我们感奋，我们没有任何理由不在先辈们的引领下继续创造新的辉煌。

这本小书，也许不会产生轰动的效应，可是希望有幸得到它的朋友仔细地读一读，它可能比某些皇皇巨著更能沁入你的心田。正如任均老人的《我这九十年》出版之后，有网友评论说："真正的历史藏于民间。那些如雷贯耳的名字，在历史书上只是一些概念符号，在私人的记忆中才复活成为人。《我这九十年》无疑就是这样一部让板着面孔的历史人物，变成有血有肉活生生身边亲友的私人记忆。"读这本书，了解这些既普通又不凡的女性的经历，我们会得到最真切的人生体验，领悟到最常识的人生哲理，受到最实在的人生洗礼。

文天祥的《正气歌》云："天地有正气，杂然赋流形。下则为河岳，上则为日星。于人曰浩然，沛乎塞苍冥。皇路当清夷，含和吐明庭。时穷节乃见，一一垂丹青。"龚自珍诗云"九州生气恃风雷"，社会的变革，新旧势力的搏斗，就是九州的风云，当时的巾帼精英们秉天地风雨际会之气，成就了自己传奇的人生，激射出自己人性的光华，成为后人不朽的楷模。我们在今天的变革大潮中，岂能辜负先辈的期许，自甘碌碌无为之平庸？愿读者能于此书有所汲取。

2015 年 7 月 16 日

静宜英魂——王佩英

徐 玲

王佩英，原名王培英，河南开封一个富商家庭的独生女。1932年就读静宜女中。抗战期间，王佩英变卖私产资助、掩护丈夫张以成，协助地下党做了大量的工作。1948年8月加入新民主主义青年团。1950年加入中国共产党。"文革"期间，为坚持信念，不惜献出了自己的生命。她的三子张大中先生为了纪念母亲，2010年10月在开封八中（原静宜女中，即王佩英的母校）成立了以她名字命名的"王佩英慈善基金"。

2009年冬，两位异乡客人走进我们校园，她们衣着朴素大方，温文尔雅，说是从北京来寻找静宜女中时期史料的。我很高兴有人能来学校寻根——我们还没有被遗忘，因为学校这些年由于教育发展不均衡，生源短缺，举步维艰，面临着生存窘境。身为在开封八中工作了二十多年的普通教师，我当然希望学校受到更多人的关注。

我把学校这两年搜集的资料全部拿了出来，希望能给她们提供一些有价值的帮助。她们中的一位向我透露，她的母亲王佩英曾是静宜女中的第一届初中毕业生，自己此次来是寻历史的遗迹以祭奠母亲的。在一张1932年第一届静宜女生合影照中，她发现了自己母亲的身影，尽管照片因年代久远已有点模糊，但依稀能看到当年母亲大家闺秀的风范。她们如获至宝，喜出望外。

晚上回到家，我打开电脑在百度上搜索，搜到了王友琴的文章《梳辫子的母亲——王佩英》。我的心灵被震撼了，泪水模糊了双眼，彻夜难眠……

王佩英，原名王培英，1915年3月14日生于河南开封市一个富商家庭，她是家里的独生女，父母的掌上明珠。优越的家庭条件和良好的家庭教育，给了王佩英无忧无虑的童年，也造就了她善良的性格。然而，就在她七岁那年母亲不幸病故，这给幼小的王佩英带来极大的伤痛。后来，父亲续弦，善良的继母并未使王佩英缺失母爱，反而送她到最好的学校——河南省立第一小学读书，接受良好的教育。

河南省立第一小学是河南省创办最早的一所小学，校址就在离王佩英家不远的北门大街，原系1905年开办的河南官立两等小学堂，1912年改名为省立第一两等小学校，1917年改为河南省立第一高等国民小学，1923年春又易名为河南省立第一小学。曾任静宜女中校董、河南省教育厅厅长的齐真如，1918年为该校的校长。学校经费由官府批发，年经费数目无限定，可随用随支。王佩英在这里接受了良好的初级教育，这为她后来考入河南省私立中学静宜女中打下了良好的基础。

然而生活再次给王佩英带来令人意想不到的灾难，刚到金钗之年的她，再次经历至亲的离世，无论她怎样号哭，都不能把疼爱她的父亲唤醒。尽管父亲给她留下了一大笔丰厚的遗产，但这一切都不能填补失去亲人的悲痛。灾难接踵而至，十四岁那年，继母也撒手人寰，王佩英成了孤儿。这时王佩英的生活由亲戚照料。小小的年纪经历了这么多的坎坷，王佩英好像一夜之间长大了许多。当时的女孩子能读至小学毕业就已经很了不起了，中国自古就有"女子无才便是德"的传统思想。王佩英却不顾传统束缚，决意继续深造。她说服了父母托付照看她的监护人，毅然决然地报考了位于开封双龙巷的静宜女中，并以优异的成绩成为该校第一届初中生。

时光追溯到1920年。应天主教开封教区主教谭维新之邀，美国印第安纳州主顾修女会派遣盖夏嬷嬷等到中国河南开封兴办教育。当时盖夏嬷嬷不幸腿骨折断，在伤腿还未痊愈的情况下，依然怀着虔诚的信仰，于1920年2月，率领从自愿申请到中国的300位修女中选出的五位修女来到中国，在战乱穷困的河南开封开始了她们的教育使命。

初到开封，盖夏嬷嬷注意到中国社会重男轻女的现象非常严重，妇女的地位极为低下，更令她痛心和不解的是女人大都裹脚，足不出户。裹脚是旧时女子以布帛紧束双足，使足骨变形，脚形尖小成弓状，以此为美。这是在精神上和肉体上对女性的摧残。她想，要把她们从苦难中解脱出来，首先要让她们接受教育，使之自我觉醒，从而自强自立，获得应有的尊严。经多方咨询、筹划后，一个小型的女子学校在草市街诞生了，取名华美女学校。学校初始只有47人，当时还有裹着小脚来报名的，盖夏嬷嬷一律接纳。三年下来，华美女学校办得有声有色，培育了不少女孩子，各大报纸大加赞扬，誉之为全开封最好的女子学校。这一切给盖夏嬷嬷带来更大的信心，她决定创办一所完全女子中学。

1932年，天主教会在双龙巷路北购置了林家大院作为校舍，据说林家大院曾是史可法的故居，河南省私立静宜女中在开封双龙巷诞生。学校建筑面积为3000平方米，建有教学楼、学生宿舍楼、教师住宿办公楼、餐厅、图书馆及大礼堂等，均为中西合璧建筑，砖木结构、灰瓦歇山式坡屋顶、人字木屋架、西式玻璃门窗，是当时开封教育建筑中最完整、质量较好的一座建筑群，也是开封天主教各教会学校中校舍及设备最好的一所学校。

静宜女中之所以能这样顺利地创办和招生，其中一个重要的原因是省教育厅非常感佩外国修女对中国女子教育的奉献。学校的首任校长是英启良，满族，北京人，北京大学历史系研究生。其伯父英华（字敛之）是天主教北方区的名流之一，因曾创办《大公报》及隐居"静宜园"（在北京西山）而闻名。其侄子是后曾任文化部副部长的英若诚。当时校董会由陆伯鸿、马相伯、英启良、英千里、夏景如、朱志尧、谢翰英、张怀、英秋等社会名流组成。学校有着各项缜密的章程，管理严格，开有国文、英语等课程。女作家郭良玉在《平庸人生》书中这样描述静宜女中时期的生活：

> 这所学校要求极为严格。从生活上说，学生一律住校，不到星期六，不许出校门一步，每周六可回家一晚，星期天下午必须回校。
>
> 寝室里每个学生一床一床头柜，柜旁挂一白布口袋，装换下要洗的衣物。床上白布床单一律铺平，盖上那些不同色彩的每个学生的被褥。
>
> …………

关于校服，学校要求夏天为白褂、黑裙、白袜、黑鞋，冬天为旗袍式棉服。学生服装整齐划一，美观大方，是当时流行的女子学生装。学生的书包不仅规定颜色统一，并要绣上"静宜"两字的英文字母缩写才符合要求。在课程设置上，学校完全按照当时教育部的规定安排课程及课时，不设宗教课，但会要求学生每天早晨五点半到六点半（即在上早自习之前）在学校的小礼拜堂里举行宗教仪式（即天主教所称的"弥撒"），由天主教堂派一个神甫前往主持，凡遇天主教的重大节日，如"圣诞节""复活节"等，教徒师生照例放假并集体到理事厅总堂去参加宗教仪式。每学期的开学前或放假后，在美国修女的组织下，教徒学生需要参加"避静"。

这样科学严谨又隐含包容开放的西方式教育，和洗涤净化心灵的宗教灵修活动一起，构成了王佩英少女时期的成长环境。她在静宜女中每周除了学习国文、英语、算学、化学、物理、生物、地理、历史以外，还要学习动物、植物、公民、体育、音乐、图画、童子军等课程。这一切开启了她的视野，也是她精神历程的初始。她以后人生历程中对真理的追求和对信念的执着正是源于少年时培养的对科学的态度和对自然的认识。

王佩英父母去世后留下一大笔遗产，另有房屋四十多间，土地四十三亩。远房亲戚看她只是一个十几岁的弱女子，就想与她争夺这笔丰厚的财产。但王佩英小小年纪就知道用法律武器来捍卫自己的权益，保护父母留给自己的遗产，因此她决定打官司。于是，经人介绍她认识了一个名叫张以成的律师。

张以成，1911年出生，河北人，是北京朝阳大学法律系的毕业生。朝阳大学（今天中国政法大学的前身）民国时期是一所赫赫有名的法科大学，当时有"南东吴，北朝阳"的说法，也有"无朝（阳）不成院（法院）"的美誉。张以成年轻英俊，才华横溢，会说一口流利的德语，毕业后很快就在开封的一家律师事务所找到了工作。也许，他接到的第一个案子就是王佩英的家产纷争案。

王佩英在同学的陪同下，来到张以成所在的律师事务所。她穿着白褂黑裙、白袜黑鞋，留一头乌黑的童花式学生发型，背着绣有"静宜"英文字母缩写的书包，站在张以成的面前。张以成怎么也没有想到要打官司的竟然是一个文静、漂亮的女学生，他

北京朝阳大学的校门

眼前为之一亮。在了解了王佩英的家史以后，张以成想不到眼前这位温婉秀美的大家闺秀经历了这么多的坎坷，外表看似文弱，内心却很强大，知道用法律的武器来保护自己。这样的女子令他肃然起敬，内心一股想保护她的情感油然而生，他决心全力以赴为王佩英打赢这场官司。

在打官司的过程中，王佩英被张以成英俊潇洒的外表、雄辩的口才和正义感所深深折服，张以成更是为这位美丽的富家千金自强自立的个性所吸引。历经几个月的时间，官司打赢了，两人也从眉目传情发展到相知相爱。这在当时也并不足为奇，特别是对这些知识分子而言，而且这在受过西方文化熏陶的学生当中也可谓一种时尚，或者是一种冲破封建的努力。那时，王佩英还在静宜女中读书，盼望每周六晚上回家、周日下午返校的这段时间能与张以成见面。可监护她的老妇人对她要求很严格，不允许她外出和私自把一个男青年带回家。于是，张以成很腼腆地扮成王佩英的女同学，头戴围巾，穿着女孩子的服装，手里夹着作业本和书，到她家里一起温习功课。老妇人本已老眼昏花，时常还爱打打盹，每次蒙混过关成功约会都会给他们带来惊喜和对下次重逢的期盼。这就像小说中描写的富家千金小姐爱上穷书生的典型桥段。

后来他们冲破重重困难，最终走到了一起。他们憧憬着幸福的未来，本想浪漫而又平静地共度此生，然而，他们的生活注定就像一部情节跌宕的电影，序幕才刚刚缓缓拉开……

1941年，张以成在中华通讯社做明码译电员。就在这年冬天，一个寒冷的雪夜，一群日本宪兵突然破门而入，说张以成开枪打死了日本人，不容分说就把他抓走了。王佩英和年幼的孩子们吓坏了：自己的丈夫守法守分，一个文弱书生怎么可能开枪打死人？何况我们哪来的枪？在王佩英的眼里，枪是暴力的武器，与他们的生活相距甚远。王佩英为了解救丈夫，变卖了自己心爱的首饰，托熟人朋友疏通关系，最终打探到真正的缘由。原来张以成的姐夫是个巡官，他有一把德国造的盒子枪，他离开北平时把枪存在了张以成那里，而张以成后来由于生活窘迫也不得不离开北平回开封，临走时又把这把枪保存在了舅父家里。日本宪兵搜出了这把枪，他的舅父吓坏了，不得不说出是自己的外甥放在这里的。

很快真正打死日本人的人被捕了，张以成得以无罪释放。第二天正好是大年三十，王佩英和孩子们高兴极了，期待着张以成回家欢欢喜喜过个年。然而，张以成的心情是复杂的。在狱中，他经历了日本人的严刑拷打，目睹了日本人对中国同胞的残忍暴行。作为一个中国人，却在自己的国土上沦为二等公民，实在是奇耻大辱。此时，他想到了那个真正打死日本人的勇士，心中不由地对他充满了敬意。

张以成爱国仇敌的情绪很快被十八集团军总部情报处开封情报站的地下党注意到了。一个有文化的青年，有着强烈的爱国之心，又在敌人的通讯社当译电员，这正是我党需要的难得人才。张以成读大学时就是个进步青年，他读过《共产党宣言》，思考并忧虑中华民族的命运。于是，他毅然决然加入了中国共产党，成为了一名中国共产党的地下工作者，并得到了妻子王佩英的支持。

他们找到了生活的目标和方向。张以成常常在外奔波，风险性极大。为了免除丈夫的后顾之忧，王佩英承担了家里所有的家务，并照看三个孩子。有时，为了掩护和支持丈夫，她不顾个人安危，帮助地下党传送情报，为他们站岗、放哨。

写到这里，我眼前出现了电影里常看到的画面：一个机警、干练、漂亮的女人，身着碎花棉袄，坐在门口，手里纳着鞋底，不动声色地观察周围的环境。一有动静立马起身，收起手中的活，回屋告诉正在开会商讨歼灭鬼子计划的地下党员们。王佩英就是这样为丈夫为共产党做着平凡的事情，使地下党一次次免遭破坏。

当时开封的地下党经费紧张，处境困难，王佩英不惜拿出父亲给自己留下的财产，支持丈夫的事业。应该说，当时的王佩英对共产党已经有了初步的了解和认识。她的行为也绝不是人云亦云、夫唱妇随的盲从。据陈克强老人回忆说，他家当年是地下交通站，因为家境贫寒，不容易引起敌人的注意。他中学毕业那年，王佩英正好借住在他家。深感时势动乱，前途无望，陈克强情绪低落，王佩英看到这种情况就告诉他"八路军是真心为了穷苦人的队伍，八路军办的'中原大学'不要钱，还管吃管穿"。陈克强立马精神起来，似乎看到了一丝曙光。经王佩英介绍，他真的去了八路军办的"中原大学"，后来走上了革命的道路。

我曾陪着陈克强老人去寻访他那个曾经做过地下交通站的家，位于双龙巷静宜女中的后墙东边东聚奎巷。老人含泪给我讲述了王佩英对他的影响，感激她给自己指引了一条明亮的道路。东聚奎巷是条很窄很短的巷子，现在仍依稀可辨当初的街貌。如今这里的居民不知道这里曾经拥有过一个地下交通站，满怀理想的地下工作者们曾在这里谋篇布局这个城市的未来。

　　1949年4月，党中央召开新民主主义青年团第一次全国代表大会，宣告中国新民主主义青年团正式成立。王佩英就在这一年加入了中国新民主主义青年团，立志做好党的助手，为劳苦大众谋福利。

　　1949年10月，神州大地迎来了新中国的成立。王佩英以饱满的热情投入到社会工作中，为新中国的建设不遗余力地奉献自己的一切。王佩英曾回忆，当时的国统区物价飞涨，官员腐败，民不聊生，在共产党的爱民为民政策下，人们的生活有了极大改善，与那时境况有着天壤之别。

　　在"劳动最光荣""妇女能顶半边天""为社会主义建设做贡献"的思潮影响下，王佩英走出家庭，投入到社会中，进入郑州邮局工作，同年调至郑州铁路局秘书室。起初，业务不熟练，她就刻苦学习，还参加了邮务培训班，并以优异的成绩毕业。她有时带病坚持工作，处处愿做一个模范，而不愿落后于别人。

　　除了工作以外，王佩英还要操持家务。为了尽孝道，她把婆婆接来同住，每次吃饭都是尽着婆婆、丈夫和孩子们先吃，自己甚至饿着肚子。

　　1950年，王佩英怀着一颗虔诚的心申请加入中国共产党，她说："我的精神和我的思想对共产党领导的革命早有信仰。"1952年5月，在入党宣誓中她坚定地举起了右臂，表达了愿意在共产党的领导培养教育下，为人民的事业而奋斗并终身为共产主义事业而奋斗的决心。

入党后，她把父亲留给她的全部家产捐给了国家，也算是向党组织缴的党费。她认为一个共产党员不能有私产。她把自己的一切托付给了党，托付给了她心目中的共产主义事业。然而，令王佩英意想不到的是，"文革"期间搞"外调"，"外调"材料中说她1953年为了躲避土改，变卖了自家的房产，用于自己享受，给她下的结论是"剥削阶级的本质，唯利是图"。

然而，那个时期的王佩英其实过着十分清苦的日子，据朋友回忆说，从未见过她有挥霍的迹象。

1955年，王佩英跟随丈夫举家迁往北京，由郑州铁路局调到北京铁道部专业设计院工作。在经历了颠沛流离、出生入死的日子后，一家人终于可以团聚，过上幸福的日子了。

在郑州邮局工作期间，王佩英负责保管局里的印章和文件，类似机要秘书，她做事一丝不苟，深得领导和同事们的信任。来到北京铁道部专业设计院后，她服从组织分配，在机关幼儿园当了一名保育员。她是幼儿园里唯一的一名党员，也是唯一受过良好教育的人。她深知这个工作的艰难和重要性，因为当时职工的孩子，出生56天以上就可以送进托儿所。带孩子不仅辛苦，而且责任重大，王佩英以满腔的爱投入到哺育幼儿的工作之中。

这个时期，家里的经济条件是优越于一般家庭的。丈夫张以成每月工资138元，王佩英每月大约50元，他们还分到了一套三居室的住房。为了解除工作的后顾之忧，他们请了保姆。据王佩英的三子张大中先生回忆，母亲在幼儿园工作期间，父亲花了百余元给母亲买了件毛皮大衣。这也许就是丈夫对妻子表达谢意的一种方式。丈夫张以成觉得他亏欠妻子太多了，一个富家千金小姐，跟着自己过着颠沛流离、如此清苦的日子，并为自己的事业解囊相助，在背后默默支持着自己的工作，却从来没有一丝怨尤。

这时的张家，每天屋子里都充满了欢乐和笑声。每个周末，王佩英和丈夫都会带着六个孩子一起出游、野餐。北京的天坛、地坛、北海、动物园等所有的景点都曾留下孩子们追逐玩闹的身影和笑声。看着孩子们一天天长大懂事，王佩英打心眼里感到幸福和自豪。据张大中先生回忆，有一次，王佩英和老大张运生在屋里聊天，运生以大哥的口吻安排老二、老三将来学什么做什么，一直排到老六。好像已经看到了这些孩子长大以后的样子，作为母亲的王佩英笑得是那么的开心。

然而，王佩英心里还有个最大的遗憾和心结，虽然六个男孩子都很懂事，但毕竟不是妈妈的贴心小棉袄，她想有个女儿。

真是天遂人愿，1956年12月31日，元旦前夜，王佩英期盼的女儿降生了。她望着这个有着一双美丽大眼睛的女儿，真是满心欢喜和喜爱：就叫"可心"吧，这可真是可了我的心了！

幸福填满了这个女人的内心，还有什么能比儿女双全、工作称心、家庭和睦对于一个女人来说更重要的呢！

1958年以后，丈夫张以成由于工作繁忙，积劳成疾，患了肝硬化，时常看病吃药，有时还需要疗养。

然而，1957年11月，毛泽东曾提出要用十五年左右时间在钢铁等主要工业品的产量方面赶上和超过英国。在"以钢为纲，全面跃进"的口号下，钢铁生产指标越提越高。北戴河会议正式决定并要求1958年钢产量达到1070万吨，在1957年535万吨的基础上翻一番，号召全党全民为此奋斗，从此掀起了轰轰烈烈的大炼钢铁运动。

全民大炼钢铁运动造成人力、物力、财力的极大浪费，严重削弱了农业，冲击了轻工业和其他事业，造成国民经济发展比例失调，影响了人民的生活，挫伤了群众的积极性，出现了片面追求高速度的冒进倾向。

王佩英所在的铁道部专业设计院也不例外，单位架起了土高炉，号召各家各户捐出自家的铁器。为了响应号召，王佩英把自家的铁锅都捐出去了。这时候，丈夫张以成的病情不断恶化，王佩英每天要照顾生病住院的丈夫，又要参加单位的政治学习，加班加点值夜班是经常的事情。孩子们都还小，生活的重担都压在了她一个女人身上。

这时，王佩英变得不爱说话，独来独往，只是埋头苦干自己的工作，有人说她"斗争性不强"。其实，她与那个时候的社会气候是格格不入的。她的内心正在发生着微妙变化……

1959年的一天，王佩英趁幼儿园孩子们到户外活动的时候，烧了一锅开水准备清洗餐具。当她端着一盆热水经过昏暗的走廊时，一个小孩子突然跑过来，王佩英躲闪不及，热水溅到了孩子身上。幸运的是孩子穿的衣服厚，并没有被烫伤，只是胳膊上烫了一块红点。有人就借机大做文章，居然将这件事和她的出身联系在一起，加以发挥，说她是剥削阶级的"地主丫头"，并责问她："你脑子里到底想的是什么？"王佩英没有辩解，只是沉默。

此事发生后不久，王佩英被调离幼儿园，转而到单位的单身宿舍当清洁工。她仍然没有怨言，欣然接受领导的安排。丈夫身体不好，她不想让丈夫为她担忧，一个人默默承受着这一切。

1960年，丈夫张以成的病情急剧恶化，王佩英知道他的时间不多了，就轮流带孩子去看望，让他多多感受亲情的温暖，让孩子们尽可能多地陪陪父亲。

1960年11月的一天，天灰蒙蒙的，树枝上还残留着几片枯黄的树叶。就在那个凄凉的夜晚，据张大中先生回忆说，大概到了凌晨，他似乎听到了妈妈的抽泣声，他猛地坐了起来，只见妈妈就坐在他的床头。他一下子明白了，父亲不在了。

丈夫去世以后，家庭经济非常拮据。仅靠王佩英每月48.5元的工资却要养七个孩子。好在大儿子张运生已经在北京政治学校工作，每月有37元的收入可以补贴家用。几个月后，王佩英不得不把保姆送回原籍。

张以成在地下党工作时期的上级、老战友曾洁光当时是北京铁路分局的党委书记，他很同情王佩英的家庭遭遇，专门找到专业设计院的工会干部，请他们关心一下王佩英家的生活。这样，组织决定给王佩英额外补助30元，直到几个孩子成年。

雪中送炭的温暖更增添了王佩英对党组织的信任与感激，她特意买了一尊毛主席的白瓷像放在家里，并告诉孩子们说："毛主席可是我们的恩人啊！"

1959年至1961年，正是我国"三年灾害"的时期。1961年5月31日，刘少奇在中央工作会议上已经指出："这几年发生的问题，到底主要是由于天灾呢，还是由于我们工作中间的缺点错误呢？湖南农民有一句话，他们说是'三分天灾，七分人祸'。"他用农民的说法，肯定了"三分天灾，七分人祸"的判断。

铁道部专业设计院有个年轻的技术员暴天成，与王佩英是河南开封老乡，由于老乡的关系，两人之间说话"不外气"（开封话，指"不见外"）。

暴天成私下告诉王佩英，老家农村"搞大食堂"，只有做饭的和村干部能吃饱，一般社员只能喝稀汤，三个月下来，脸色蜡黄，甚至有人饿死。王佩英一听就紧缩着眉头，她家乡的亲戚也曾向她借过粮食，她曾发过这样的牢骚——"现在老百姓困难，我也困难"。没想到这样的牢骚后来竟然也成了她的反动言论之一。

王佩英有着自己独立的思考，她认为刘少奇同志的观点是正确的。据四儿子张大圃回忆，母亲在家里经常爱看刘少奇的《论共产党员的修养》，有时甚至一边给孩子们洗脚，一边捧着书读出声来。此时的王佩英开始公开自己的思想和观点，她认为真理不辩不明。很多同事听了她的言论都很吃惊，也有的人心里暗暗佩服她的勇气。尽管王佩英的观点仅仅是常识性的，但那个时代的悲剧就在于人们缺少简明的常识。

其实，王佩英骨子里一直是个不愿随波逐流、人云亦云之人。她十六岁进入静宜女中，接受了西方宗教文化及中国传统文化的教育。当年静宜女中的训育要目这样要求学生：

1. 锻炼体格，期能刻苦耐劳、战胜困难。
2. 训练意志，期能刚健笃实、见义勇为。
3. 启发思想，期能遇事反省、破除盲从。
4. 练习自治，期能善用权能、服务纪律。
5. 讲究卫生、注意美观，养成爱美整洁之习惯。
6. 注意社交、娴习辞令，养成活泼善群之态度。
7. 爱护公物、善用钱财，养成节俭尚公之德行。
8. 指导服务、提倡竞赛，养成和平合作之精神。

其中，第三条"启发思想，期能遇事反省、破除盲从"可谓根深蒂固地植入了王佩英的心中。

她的狱友齐克琦曾经疑惑，在她眼里王佩英就是一个普普通通的工人，她怎么知道托洛茨基和赫鲁晓夫的事情呢？原来，王佩英有一个要好的朋友，是张以成的大学同学兼地下党时期的战友胡俊三的遗孀马志新，两人从战争年代就结下了深厚的友情。此人曾留学苏联，是个有思想、有见地的女人。两人经常关在屋子里长谈，至于谈的什么内容，孩子们是不会知道的。马志新了解一般老百姓不了解的、反思斯大林个人崇拜的1956年苏共二十大报告的相关信息。这信息的传递，使得王佩英开始思考被掩盖在背后的真相。

狱友林克明说，王佩英曾经告诉她，自己读过《燕山夜话》。林克明感觉这人很了不起。《燕山夜话》是邓拓以马南邨的笔名，出版于1963年3月的杂文集。这些杂文旗帜鲜明，爱憎分明，切中时弊，富有寓意，但在"文革"中竟被当成"大毒草"，《燕山夜话》变成"反党黑文"。

1965年以后，王佩英更是经常发表自己的真实看法：

"过去共产党员抛头颅、洒热血是为了解放人类，而现在有的共产党员是为了高官厚禄，养尊处优。"

"彭德怀、刘少奇都是我党的好领导。"

"敬爱的周总理，千辛万苦做外交，一心一意为人民！"

…………

1965年4月，王佩英做出了今天看来惊世骇俗的举动——要求退党。这真把周围的领导和同事吓坏了，此时，没有人再敢和王佩英讲话了。也许是出于对王佩英的保护，也许是真的认为王佩英疯了，单位领导就强制性地把她送进了精神病医院。

当一个社会失去最基本的理性能力的时候，那些坚持清醒思考问题的人，就会被当成疯子。

在王佩英即将被送进精神病院的前夕，她也许意识到了自己将要为此付出的代价，她想尽一切办法给每个孩子私下做了交代。

她给老四张大江讲了这样一个故事：一位国王临死前把自己的孩子召集在床前，发给每人一支箭，让他们掰断。儿子们轻轻松松就掰断了。老国王又拿出一大把箭让他们掰，他们用尽力气也掰不断。张大江是个对政治毫不关心但对朋友很讲哥们儿义气的人，他明白妈妈讲的这个故事所暗示的道理。在妈妈去世以后，他的确做到了团结兄弟，同时保护妹妹不受欺负。

1965年，大概是春夏之交的季节，凉风习习。晚饭后，王佩英专门拉着最小的女儿可心出去散步。走到大约靠近军事博物馆的地方，王佩英突然把女儿揽在怀里，含着眼泪说："妈妈以后要是不在了，你一定要懂事，学会自己照顾自己。"女儿可心搂着妈妈，泪涟涟地说："妈妈别瞎说，不会的。"

此外，她对老大、老二都相应有交代，让他们挑起生活的重担，照顾弟弟妹妹，因为他们已经都有工作了。

王佩英住进精神病医院以后，老三张大中时常去医院看望母亲。这也是王佩英苦心的安排。其他孩子小，当时的交通条件又不好，最重要的是担心他们幼小的心灵会因她而蒙上阴影。老大、老二都已工作，让他们来探视有"反动思想"的妈妈，肯定会影响他们在单位的发展，甚至会受到牵连。只有老三张大中的身份最合适，而且，他也是七个孩子当中最懂事最理解妈妈，与妈妈的心最靠近的儿子。

张大中去看母亲的时候，每次带一元钱左右的营养品，比如藕粉之类的。王佩英从不和儿子谈论自己的政治观点，总是询问家里的情况，哥哥、弟弟和妹妹怎样，有时，母子常常是相对无语。有一次，张大中去医院看望母亲，刚走进院子，一个洗衣房的工友拦住他问："你是王佩英的儿子吧？"张大中点点头。接着那个中年妇女凑近他，很神秘很亲切地说："你妈平时可想你们了，整天念叨你们，特别是你最小的妹妹可心，你还不回去拍张合影，让你妈妈能看到你们。"

于是，1967年的夏天，张家兄妹到照相馆照了一张合影。当王佩英拿到这张照片的时候，她的眼泪扑簌而下，她想到了生死离别。以后，她终日把照片捧在手里。

还有一次张大中去看望母亲，在他准备告辞的时候，妈妈突然说了一句让他毫无思想准备、终生难忘的话："孩子，妈做的事可能会拖累你们，妈对不住你们啊！"

到了1968年，已经没有理由再把王佩英作为精神病人看管了，于是，6月6日，安定医院写了对王佩英的诊断意见，要求单位接回。病历上面是这样写的："出院诊断证明：经过住院期间观察，除高血压病外，目前生活自理如常人，无精神异常，在住院期间思想反动，对党不满，经过思想教育仍不改，故由机关接出处理。"

那年初夏的一天，张大中正好在家，楼下有人喊："王佩英的孩子快下来。"张大中立马下楼，那人很严肃地说："你准备一个洗脸盆、一块肥皂、一条毛巾，拿点儿你母亲的衣服送来。"张大中从那人的态度和表情感到事情的严重性。他收拾好这几样东西，自己不敢去，便让小妹可心给送去了。

此时的王佩英，已经从精神病院押送回专业设计院，接受更残酷的"群众专政"。她被关押的地方离家不远，就在铁道部专业设计院大院里面。下午时分，女儿可心拎着给母亲准备的换洗物品，来到母亲关押的地方。她小心翼翼地敲了两下门，门开了，露出一张冷酷无情的脸。可心说来给妈妈送东西，那人接过东西后就把门"砰"的一声关上了。就在那一瞬间，女儿可心看到了妈妈的背影。

这也是女儿可心最后一次见到妈妈。

王佩英被监管起来了。一连几天她被安排倒腾久存仓库已经开始腐烂的大白菜。她捧起一棵棵白菜，把腐烂的菜叶和菜帮子都掰掉，平平整整地码放在一个干燥的墙角。然后，她又找来长长的木板，横放在平整的白菜堆上，再把第二层大白菜码放在横板上，好让空气流通。组织让她清理炉渣，她把已经烧过的煤渣扒开，挑拣出那些略微透黑还没有烧尽的煤块，堆在一旁，以备送进炉膛再次燃烧。没有任何人要求她，她就是这样默默无闻地把脏乱而又枯燥无味的活，干得如此的漂亮、认真、出色。这让我想起了杨绛先生被下放到干校时让她打扫厕所的事。她把厕所便池上面陈年累月的污垢擦洗得干干净净，这不亚于她做学问的境界，令人肃然起敬。

"牛棚"的难友很同情王佩英的遭遇，经常劝她不要拿鸡蛋碰石头。王佩英说："刘少奇是吃人民饭的，他犯了什么错？"当王佩英被打得遍体鳞伤的时候，她仍然坚持说："刘少奇不是叛徒！"

审讯员威胁她说："这是你最后认罪的机会，否则你就再也见不到你的儿女了。"这一次，在审讯员面前，她哭了。她感到自己的时间不多了，不能为孩子尽一个做母亲的职责，心里万分愧疚。在那撕心裂肺的痛楚之中，她依然选择坚持自己的信念而不屈服。

1970年1月27日，离除夕还有九天。这本该是筹备年货、全家团圆的日子。这一天，在北京工人体育场对王佩英进行了公审，判处死刑，立即执行。随后囚车驶向了北京卢沟桥……

这一天傍晚时分，孩子们都已知道母亲离开了他们。他们是妈妈留在尘世的唯一念想……

王佩英的七个儿女

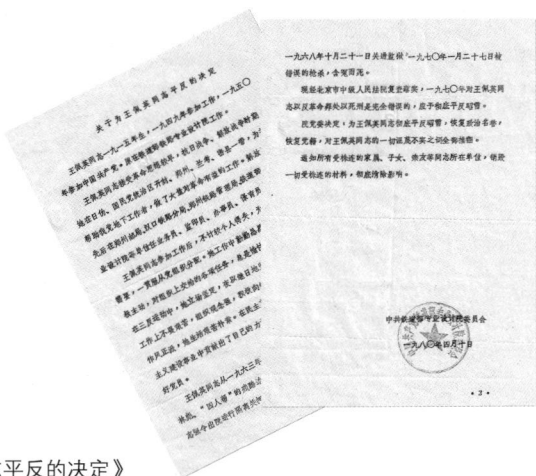

《关于为王佩英同志平反的决定》

1980年4月10日，中共铁道部专业设计院党委发表《关于为王佩英同志平反的决定》，并于5月8日召开平反大会。

2010年3月27日，500余人在北京举行王佩英诞辰95周年、赴难40周年纪念会。

2011年6月9日，北京市高级人民法院对王佩英作出终审判决：

本院经再审查明，王佩英原系铁道部铁路专业设计院职工，1950年加入中国共产党。1970年1月27日，原中国人民解放军北京市公法军事管制委员会以反革命罪判处其死刑，已执行。1980年4月10日，中国共产党铁道部专业设计院党委会作出《关于为王佩英同志平反的决定》：为王佩英同志彻底平反昭雪，恢复政治名誉，恢复党籍，对王佩英同志的一切诬蔑不实之词全部推翻。

本院认为，依据现有证据不能证明王佩英具有"推翻人民民主政权，破坏人民民主事业"的反革命行为和目的。据此，依照《中华人民共和国刑事诉讼法》第二百零六条、最高人民法院《关于执行〈中华人民共和国刑事诉讼法〉若干问题的解释》第三百一十二条第（四）项之规定，判决如下：

一、撤销原北京市中级人民法院（80）中刑监字第295号刑事再审判决书和原中国人民解放军北京市公法军事管制委员会（70）刑字第19号判决书。

二、被告人王佩英无罪。

本判决为终审判决。

1980年，王佩英的三子张大中以连尸骨都无法找到的母亲用鲜血换来的抚恤金1000元起家，后来成为京城纳税"第一人"。

2010年10月，张大中为了回报养育自己母亲的母校，在开封八中（前身为静宜女中）成立了以他母亲名字命名的"王佩英慈善基金"。这可谓是"天使基金"。

我不止一次地观看胡杰、胡敏兄妹拍的纪录片《我的母亲——王佩英》。我在寻找王佩英女士的英灵所在。这不能忘却的纪念，我们会记得，千千万万懂得反思历史、思考未来的人们会记得。

纪录片的结尾，是王佩英女士心爱的女儿可心来到了母亲曾经的"刑场"，望着那一望无际的荒草。这一场景让我想起了诗人雷抒雁《小草在歌唱》中的诗句：

风说：忘记她吧
我已用尘土，
把罪恶埋葬！

雨说：忘记她吧！

我已用泪水，

把耻辱洗光！

是的，多少年了，

谁还记得

这里曾是刑场？

行人的脚步，来来往往，

谁还想起，

他们的脚踩在

一个女儿、

一个母亲、

一个为光明献身的战士的心上？

2014年11月8日

徐 玲

开封八中音乐高级教师，60年代生人，祖籍甘肃。2004年获"河南省教学标兵"称号。中国合唱协会会员，河南省作家协会会员，著有小说《植物泪》。现从事静宜文化研究。

不懈探求生命的奥秘

——中国脂蛋白和载脂蛋白的奠基者王克勤

吴北霞　吴北跃

王克勤,我国著名的生物化学家。1933年就读静宜女中,1936年被静宜女中保送美国留学。她毕生致力于科研、教学和人才培养,对于血浆的研制和脂蛋白的研究造诣颇深,是我国干血浆、血浆蛋白质分离和血浆制品的创始人,也是我国脂蛋白结构、功能和代谢及其与动脉粥样硬化的发病机制研究的开拓者和奠基人。

王克勤青少年时曾参加过第一次大革命、"一二·九"爱国学生运动,以优异的成绩毕业于河南开封静宜女中,并被选派到美国留学深造。先后在美国加州多米尼克大学、加州大学伯克利分校、密歇根大学学习化学和生物化学,最后到麻省理工学院学习营养生物化学。

王克勤曾任中国医学科学院基础医学研究所和协和医科大学生物化学与分子生物学研究室副教授、教授等职,辞世前为医学分子生物学国家重点实验室顾问,是我国生物化学与分子生物学脂蛋白专业组创始人之一。曾为北京心肺血管中心安贞医院生物化学特邀教授，美国心血管医学会动脉粥样硬化理事会海外会员，国际妇女科学工作者协会会员，中国老年医学学会理事，中国北京生理科学协会理事，中国生物化学与分子生物学会会员。曾是中国医学科学院学术委员会委员，获优秀教师称号，并获"国家有特殊贡献科学家"称号，享受国家特殊津贴。

2010年9月8日，她走完了充实、坎坷、坚定的一生，把无限的思念留给她的亲人和学生们。我们在此追忆她的一生，以激励后人奋发向上。

一、青少年时期

1918年，正月十七日，宝庆府（今湖南省邵阳市）一对年轻夫妇迎来了他们的第一个女婴。她就是王克勤，小名延春。

此时的世界处在动荡不安之中。第一次世界大战接近尾声，西方强国加紧侵略，试图重新划分势力范围。中国虽属战胜国，反而成为被宰割的对象，不但没能索回德国强占的山东半岛的主权，反被英、美、法胁迫将德国利益转送给日本。这引起中国人民的强烈抗议，这种情绪在1919年爆发的著名的"五四"爱国运动中发挥了作用。

袁世凯恢复帝制失败后，中国出现了军阀割据的局面。与此同时新文化运动崛起，封建思想受到了前所未有的冲击和批判，其统治地位动摇了。新文化运动启发了民众，民主共和的思想深入人心，民主和科学思想得到弘扬。这为新思潮的传播开辟了道路，也推动了中国自然科学事业的发展。

王克勤的父亲王昌明也受到民主共和与马列主义思想的影响，他愤世嫉俗，反对封建主义，渴望民主自由，期望中国强盛起来，不再受帝国主义的欺诈和掠夺。长女克勤来到世上，他没有重男轻女的思想，没有按旧俗培养女儿。他呼她"延伢子"（"伢子"在湖南是对男孩子的称呼）。他让女儿很小就开始读书识字，练习写毛笔字。王克勤自己也很勤奋，写得一手好字。年纪很小时，她便可以用蝇头小楷替人抄账目挣钱。当她赚来第一个铜板时，小小的心灵充满了喜悦。

父母和祖母非常喜欢这个聪慧和勤奋好学的孩子，感到她很有培养前途。父亲当时是爱莲女子师范学校的教务主任，兼任语文老师。虽然家中不很宽裕，但五岁时家人即送她去宝庆府爱莲女子师范附小读书。除了上学之外，她还要在家帮母亲做家务以减轻家庭的负担。她常常是忙完家务即赶去上学，脸上时常留着炭灰的痕迹，同学们笑话她，她却从不以为然。对她来说，外表并不重要。她在同学中虽然年纪最小，但学习最好，老师们都很喜爱她。

她上高小时正值北伐，国民革命军收复了武汉，大革命达到高潮。青少年学生纷纷参加儿童团、青年团，稍大的则加入共产党。王克勤的父亲王昌明时任宝庆地区农民协会宣传部长，同时以中共党员的身份参加国民党，为党部常务委员，他们家则变成中国共产党的活动中心。她的表兄是青年团员，母亲是妇女协会会员，她本人则担任儿童团团长。她带领同学写标语，砸妓院，禁止吸鸦片烟和贩卖鸦片烟，积极宣传妇女解放，提倡中老年妇女放足剪发，并带头把祖母的头发剪掉。她还参加游行，演文明进步戏剧等。

1927年蒋介石叛变革命，疯狂杀害共产党员、青年团员和进步人士。国民党悬赏一百元大洋取其父亲的头颅，她父亲被迫离家出走，随宋湘涛、贺绿汀等一群革命志士前往广州参加叶剑英领导的广州起义，五年内未与家人取得联系。父亲的逃亡使家庭无法支持王克勤继续就学，她只好辍学，随母全家六口迁往农村舅父家住，以免被迫害。王克勤的母亲带着四个孩子（最小的女儿还抱在怀里）和婆婆，不仅断了经济来源，还要对付突然的搜捕，生活举步维艰。但母亲非常能干，用一台手动的织袜机，织出各种颜色搭配的袜子，靠卖袜子来养活孩子们和婆婆。作为长女，王克勤勇敢担起了协助母亲养家的责任。母亲是小脚，出门行动不便，卖袜子、收钱的事都由她来做。她带着大妹妹出入店铺结账。过去店铺里的柜台都很高，账房先生们都是高高在上，打着算盘与这两个小姑娘讲价钱。王克勤和年幼的妹妹踮着脚也够不到台面，但她们一点儿也不惧怕，凭着极强的心算能力，踮着脚，仰着头与老板们讨价还价。为了使母亲辛辛苦苦织出来的袜子多卖一点钱，哪怕是几厘钱，她们也要力争。店铺的老板说："别看这两个小姑娘年纪小，但账算得一清二楚，谁也骗不了她们。"

过了半年左右，王克勤得以复学。除了上学、卖袜子，她在晚上还用一手好字帮人抄写文章，以挣几个铜板贴补家用。寒冬腊月，她去捡破烂，没有手套，受冻的手肿得老高。没钱买纸笔，她就捡同学用过的铅笔头和笔记本，但她学习成绩仍保持全班第一。学校免去她的学费以资鼓励，王克勤就这样艰苦地读完了小学。

在母亲领着一家老小在乡下挣扎的几年中，她父亲参加了广州起义。起义时他担当过徐向前（后为十大元帅之一）的秘书，出生入死。起义失败后，他随徐向前到达海陆丰。海陆丰革命政权失败后，他辗转到了上海，在共产党开的沪浜书店从事地下工作。一次，他病重入院，不料就在这段时间里，由于叛徒出卖，他所在的地下小组被国民党破坏，待几天后病愈出院返回时，他已经无法找到同事们，从此失去了与共产党的联系。可叛徒并不放过他，他只得到处躲藏，为了甩开叛徒的跟踪，只好扒上一列货车，前往河南投奔他的朋友和同学。

王昌明到达河南后，找到同窗好友，隐姓埋名，又开始教书，生活稳定了些。1932年王克勤初中毕业后，找不到工作，正在愁眉不展之际，突然接到五年来没有一点音讯的父亲的来信，要母亲带领她和弟弟到河南郑州去上学。她喜出望外，立即筹措路费北上。不料，才安排女儿在郑州郊外百年中学补习不到一年，一天，王昌明遇见了一个叛徒，为避免被出卖，他只得立即离开郑州，投奔驻军河南许昌的宋湘涛，在宋湘涛部队任参谋。在此期间，他得知徐向前即将从河南信阳附近经过，建议宋湘涛与徐向前会师，一同北上抗日。后因徐向前未从许昌经过，他追赶四十余里未能取得联系，只好作罢，颇感遗憾。他怕耽误王克勤的学习，要她去河南开封找自己的好友马非百，而让妻子带着儿子返回湖南邵阳老家。

在开封，王克勤于1933年顺利考入了静宜女中。第一学期的学费是马非百夫妇代付的。王昌明为了躲避叛徒的追捕，东躲西藏，在河南境内换了九个地方，易名多次，生活非常动荡，无法顾及家人。多亏有马非百夫妇的照顾，王克勤才得以在静宜女中安心地读书。

静宜女中是美国印第安纳州圣玛利森林的主顾修女会盖夏嬷嬷创办的教会学校，学校环境优美，学习气氛浓厚，师资力量强。学生大部分来自富裕家庭，一些是官宦小姐，像王克勤这样的学生很少。但学校对学生不论贫富，一视同仁。王克勤深知机会来之不易，以她的聪慧和毅力，第一学期即取得了突出的成绩，为全校之冠。学校免除了她的一切学杂宿费。以后的三年中，她的学习一直名列前茅，每年都得以免除学杂宿费。因为有学校的资助和鼓励，王克勤加倍努力，各门学科的成绩都很优异，特别是数理化等课程，有时老师尚未教，她就把习题做好了。她为此经常得到老师的夸奖，被认为是不可多得的人才。在校期间，除了学习英语外，她还学习了法语，求学孜孜不倦。

静宜女中的老师中对王克勤影响最大的有两位：化学老师李寿松（别号李锡龄）和数学老师郑味虚（国立师范大学毕业，史学家韩儒林的妻子）。李寿松毕业于国立北洋大学化工系，曾在抚顺煤矿做工程师。"九一八"事变后，因不甘在日本侵略者统治下工作，他来到静宜女中教书，当时任教务主任，并负责教化学课。他痛恨日本鬼子，对国民党政府也无好感，对共产党和进步青年充满同情，他常常鼓励王克勤学好科学，做一名科学家以科学救国。王克勤后来一直对科学有浓厚的兴趣，是和他的指导分不开的。王克勤一直视李先生为她的恩师，出国后还与李先生通过信，但后来抗战爆发，他们失去了联系，再也没有见过。多年之后，王克勤仍对李先生念念不忘，经常和女儿们提起这位当年的恩师。

王克勤不仅学习成绩斐然，在身体锻炼方面亦不落后。由于教会学校提供各种条件，鼓励女生参加各项体育活动。她参加了学校的篮球、排球及跑步、滑冰等运动，体质很好。

在静宜女中，王克勤结识了两位从上海转学来的女生——张芳和张英侠。她们是随一位叫段超人的先生和他夫人葛女士来开封的。葛女士和她的弟弟、弟媳均为共产党员。弟媳袁敏还被捕坐过牢，释放后亦到静宜女中来念书，和张芳一班。二张原比王克勤高一年级，后因健康原因，张英侠降了一级，和王克勤成了同班同学。由于生活习惯相近，加之都同情共产党，不满国民党的不抗日政策和贪污腐化，她们成了比较亲密的朋友。1935年冬王克勤和张英侠参加了著名的"一二·九"学生爱国运动，与同学扒火车去南京请愿，要求政府联合抗日。学生爱国运动搞得轰轰烈烈，却受到当局的指责，学校决定提前放假以防事态扩大。

　　1936年，王克勤以第一名的成绩毕业。毕业之际，她并不知道学校有送四名女生去美国留学之事。她做梦也没有想到她能有出国留学的机会。当时的王克勤只是急于找一份教书的职业来帮助可怜的母亲养家，母亲由于长期织袜，右手已经抬不起来了。由于长期营养不良，王克勤长得又小又瘦，看起来还未成年，没有学校愿意用她。正在走投无路的时候，她突然接到通知，学校要选派四位优秀的学生到美国读书，她是其中之一。其实她是这四位女生中最后得到通知的。原因是，虽然王克勤的学业名列第一，但她不是教徒，家境又太贫寒，学校当局起先并没有考虑选她。李寿松先生为此事做了很大的努力，学校才同意送她出国。这突然来到的喜讯，使她又喜又愁，喜的是可以继续念大学实现她的理想，愁的是虽然学杂费和住宿费已有美国校方负责，但去美国的船票和行装钱要自己筹备，共需一千银元左右。父亲当时在河南一所中学教书，所得工资尚不够一家人的生活费，这笔钱对她无疑是个天文数字。李寿松慷慨解囊，送给王克勤一百银元，这对一位普通的中学教师来说，真是倾其所有，王克勤也一生都铭记着李先生的恩典。这一百银元虽然离所需的一千银元还相差很远，却给了王克勤很大的鼓励，她开始积极地筹集旅费。父亲写信给在河南省政府做秘书的同学马元材商量。马先生建议王克勤写信向河南省政府申请津贴。信写好后，马先生帮忙递到河南省政府主席商震和刘峙处。她的申请被批准，得到五百银元的补贴。后在父亲朋友的建议下，王克勤又向湖南省政府提出申请，湖南省政府主席何键批准给予她五百元的留学津贴。就这样，再加上其他像李先生那样的人士的慷慨资助，王克勤终于可以成行。

　　年轻的王克勤携带着简单的行装由上海登上了去美国的轮

在静宜女中读书时的
王克勤（右一）

1933年静宜女中篮球队

船，望着身后渐渐模糊的港口，眺望远处波浪翻滚的太平洋，她在心里默默地和灾难深重的祖国告别，此时日本已经蹂躏了美丽的东三省，正虎视眈眈地窥视华北平原。她下定决心，学业有成后，一定回来建设强大的祖国。

二、大学学习期间：1936—1947年

1936年初秋，四位中国姑娘经过几个星期在海上的颠簸，抵达了美国西部阳光明媚的加利福尼亚州。她们先在位于洛杉矶的一所私立天主教高中——无暇圣心高中（Immaculate Heart

王克勤高中毕业留影

High School）补习英语一年。当年学校送四位姑娘出国的目的是
为教会培养修女。在这里，学校指派了专门的嬷嬷对她们进行礼
仪指导，训练她们走路时，头上顶一本大书，抬头挺胸，婀娜多
姿。练习说话时，要求细声慢语款款动听；吃饭时，要求细嚼
十三下才能吞咽，嬷嬷们在旁帮她们数。这些礼仪训练使王克勤
终身受益，她一直保持温文尔雅风度到晚年。回国后在上海工作
时，她衣着得体，谈吐优雅大方，喜欢参加各种文体和公益活
动，浑身散发着青春的活力。当时华东军区卫生部宫乃泉副部
长曾感慨地说，王克勤是他认识的第一位有学识又风度翩翩的
年轻女教授。

到美国一年后，王克勤感到对成为修女没有兴趣，她心里更
渴求的是知识和科学。1937年日本开始大规模侵略中国，中国人
民正在忍受战争的煎熬，她的心在流血，她立志要改变中国的贫
穷和落后，想用科学救国。她决心要学习科学，于是向校方提出

了她的愿望。

次年，四位姑娘被分到美国不同的教会学校学习。其他三位姑娘都去了东部，王克勤只身一人来到多米尼克大学学习。多米尼克大学位于加州旧金山北部美丽的圣拉斐尔小镇。校园坐落在圣佩德罗山脚下，主要由四座私家庄园组成，季节性溪流由东向西穿过校园正中，修剪整齐的花园和多达一百多个品种的树木令校园绿意盎然、清新而宁静，世外桃源般的校园给王克勤提供了良好的学习环境。求学生活是艰苦的，由于战争，出国不久后她就与家人失去了联系。她只身在外，一个弱女子，举目无亲，既没有显赫的家庭背景，也没有任何经济上的资助，这在当时的中国留学生中真是非常少见的。她生活简朴，很多衣服都是靠同学和朋友施与。王克勤非常珍惜来美的学习机会，全部精力都扑在学习上，每门功课，她都要完成得尽善尽美，她的目标永远是第一名。

在多米尼克大学期间，凭着静宜女中时打下的扎实学习基础，再加上她的聪明天分，王克勤很快崭露头角。她的化学教授认为她很有天赋，考试成绩亦总是遥遥领先。第二年她担任物理实验的助教并负责印刷室的工作。她三年读完了学士学位，因成绩优异，被选为Gama Sigma荣誉学会会员。她的老师对她说："这个学校太小，埋没你的才华，去好一点的大学吧。"

于是，1940年秋，经化学和物理学老师推荐，王克勤进入了全美著名的加州大学伯克利分校（University of California at Berkeley）学习。该大学学科完备，师资力量很强，名人辈出。美国著名物理学家劳伦斯博士（Dr. Earnest Lawrence）即在该校任教，他因设计和制造了国际上第一台回旋加速器，在1939年荣获诺贝尔物理学奖。著名的美籍华裔化学家李卓浩也在该校读博士，李博士后来在激素研究领域取得杰出成绩，被誉为激素之王，后来成为伯克利大学生化领域有名的教授之一。著名美籍华人女核物理学家吴健雄博士当时也在伯克利分校，后成为哥伦比亚大学的教授、美国科学院的院士，被誉为中国的居里夫人。后来成为英国著名教授李约瑟（Needham）的夫人的鲁桂珍教授也曾在此任职。能在汇聚众多名人学者的大学里就读，与这些有特殊贡献的人为师为友，一同学习和讨论，王克勤感到非常愉快和骄傲。学校浓厚的学术氛围，使她大开眼界。入校时，王克勤对生物化学一无所知，是她的一位室友向她介绍了生物化学，她也迷上了这门学科，此后60年再也没有离开过这个领域。

在伯克利大学学习两年后，王克勤获得了美国最负盛名的公立大学——密歇根大学（University of Michigan）的巴伯奖学金（Barbour Scholarship）。巴伯奖学金设立于1914年，资金来自密歇根大学董事之一李维·L.巴伯先生所捐赠的遗产。其宗旨是资助具有优秀的学术成就和专业才干的东亚女性在密歇根大学学习现代科学、医学、数学和其他学科，获奖者大多在取得学位后回到出生国，对自己国家的科学、经济和教育发展起到了很大的推动作用。我国著名女教育家吴贻芳博士（1893—1985）即是巴伯奖学金的获得者。吴贻芳博士是中国第一届女大学生，在密歇根大学毕业后，她回国担任南京金陵女子学校的校长，成为我国第一位大学女校长。

能获得巴伯奖学金，王克勤无疑感到很荣幸。于是1943年秋，她告别了西岸的著名大学城，来到了美国中西部的大学名城安阿伯市（Ann Arbor），进入密歇根大学继续攻读生物化学。密歇根大学始建于1817年，是美国历史最悠久的公立大学之一，拥有优良的师资以及顶尖的商学院、法学院、医学院、工学院和文理学院。该校在各学科领域中成就卓著并拥有巨大影响，多年来在美国的大学排行中都是高居榜首。密歇根大学不仅有雄厚的师资、优良的技术，而且还有很多优秀的人才和可观的校友阵容。校友中有美国前总统福特，成功地将胰岛素结晶、被誉为北美药学之父的约翰·雅各布·阿贝尔博士，著名的梅奥诊所（Mayo Clinic）的创始人之一威廉·詹姆斯·梅奥。特别是中国人所熟悉的对中国原子弹和氢弹事业发展有着重大贡献的著名核物理学家朱光亚和诺贝尔奖获得者、著名的核物理学家丁肇中博士，都毕业于密歇根大学。

王克勤在安阿伯市的学习生活是丰富多彩的。安阿伯市虽然不大，但因为有密歇根大学的存在，具有浓厚的学术气氛、良好的自然环境，成为美国的"学术重镇"之一。密歇根大学很早便与中国保持着密切的联系，是最早被指定接收庚子赔款留学生的五所美国著名大学之一。太平洋战争爆发后，中美两国成为盟国，中国留美学生的人数猛然增加（1942—1943年为一百余

王克勤（第二排右三）获巴伯奖学金时留影，照片来自密歇根大学图书馆档案

人），那时王克勤在美读书已有六七年之久，迫切想知道祖国的情况。留美的学生中有西南联大的，有中央大学的，并有海陆空三军的军官，他们告诉她祖国浴血抗日的情况，教她唱革命歌曲，并一起开联欢会等。密歇根大学各系都有中国留学生，黄家驷先生（后成为中国医学科学院第一任院长）组织了重建新中国的讨论会，王克勤每次都参加。她感到很兴奋，憧憬着"二战"结束后，重返祖国与亲人团聚，为国家做贡献。

1944年获生物化学硕士学位之后，王克勤留在密歇根大学的公共卫生院工作。1945年春，美国的中国研究所（China Institute）准备对中国人常用膳食的营养成分、维生素和矿物质的含量进行系统的分析和测量。此项研究的目的是想了解中国人常用膳食的营养成分是否充足及健全，如有不充足之处，将根据该研究的结果，筛选出富含蛋白质、维生素和矿物质的食品，为制备高营养价值的军用干粮做准备工作，并以此为理论依据，向中国农业部提出推广粮食种植的方案，以最经济的手段提高中国人的饮食健康。该研究项目设立在麻省理工学院（Massachusetts Institute of Technology，MIT），由该校的营养生化系主任、著名的营养生物化学家、美国《维生素与激素》（*Vitamins and Hormone*）杂志的主编哈里斯教授（R. Harris）主持，所需的研究经费由美国凯洛格基金会（Kellogg Foundation）资助。中国研究所为此项目设立了一项奖学金，邀请在美国生物界的中国学生申请，获奖人可以在参加该项目研究的同时在麻省理工学院学习，攻读学位。邀请中还强调该项目对中国的抗日战争有一定意义，凯洛格基金会有意出资购买研究所需的仪器设备，在研究结束后，这些仪器设备可由参加研究的人员带回中国，设立一个营养生化研究室。王克勤得知这一消息后，觉得可以为国家和中国人的健康做一些贡献，同时又可以到世界一流的学院获得博士学位，真是一举两得。她立即着手申请。很快她的申请获得批准。

1945年9月，王克勤离开了安阿伯市，前往美国马萨诸塞州，进入麻省理工学院营养生化系攻读博士学位兼从事营养分析的工作。麻省理工学院是全美数一数二的理工学院。它与哈佛大学比邻，同在马萨诸塞州的剑桥市。麻省理工学院除了工科蜚声中外，在生命科学研究领域也是顶尖的，先后有78位诺贝尔奖得主曾在此学习或工作（2009年统计），这里成为世界各地莘莘学子心驰神往的科学圣殿。

刚到麻省理工学院时，从中国运来的样品还未到达，王克勤就先集中精力攻读营养生物化学，同时为之后的实验做好准备工作。不久，样品便由飞机运到。样品全部装在带有"中央卫生院"字样的棕色玻璃瓶中。除了有些样品因为在运输中损坏，不能进行分析外，王克勤和她的同事们对60多种中国食品中的维生素、铁、钙、磷等微量元素，蛋白质、脂肪和糖等进行了系统的分析。这些食品包括中国人爱吃的蔬菜、豆类和豆制品——黄花、木耳、黄豆芽、绿豆芽，甚至连皮蛋、腐乳和臭豆腐都带来了。后来他们还研究了烹调对食品中的营养成分的影响。这大概是第一次对中国食品进行的系统性研究。

研究结束后，参加该项目的人员对分析结果做了总结，由王克勤执笔拟写了总结报告。后来哈里斯教授将论文发表在《美国膳食》（*American Dietetic Association*，25：28–38）杂志。

在麻省理工学院，王克勤遇到了年轻有为的军官吴正若。吴正若谦和、诚恳，有强烈的爱国主义情怀。他祖籍湖南湘阴（现汨罗市），1935年考入武汉大学电机系，后转入机械系。1937年抗战爆发，他弃笔从军参加抗日。他成为空军地勤人员，参加了武汉空战和长沙保卫战，还参与修建了中缅公路。1942年吴正若和一批年轻的军官由美援华的史迪威将军挑选到美国接受培训。他刚到美国时，先在属于通用汽车公司的别克汽车公司工作并接受技术培训，是首批进入通用汽车公司的华人工程师。虽然他工作的城市弗林特（Flint）位于密歇根州的东南部，离王克勤当时读书的密歇根大学只有一小时的车程，他们却没有机会相识。第二次世界大战结束后，日本无条件投降，吴正若选择来到著名的麻省理工学院攻读理工研究生。两位湖南老乡相遇于千里之外的异国他乡，他们相爱并结了婚。

1947年吴正若获得了机械硕士学位，当时的国民党政府催促他回国参加筹建中国第一个汽车制造厂。年轻的夫妇觉得抗日战争已经结束，是他们回国为贫穷落后的祖国恢复战争创伤的时候了。于是王克勤与爱人吴正若便迫不及待地、夜以继日地开车三天三夜，横跨美国，从东岸的波士顿赶到西岸的旧金山搭乘回国的轮船。此时王克勤已有身孕，连日的奔波令她疲惫不堪。登上轮船，面对眼前景致，她心潮翻滚：时隔十一年，自己终于学业有成，踏上了回国的旅途。

经历了十余天的海上颠簸，他们就要抵达目的地了。黎明时分，大洋下面跃动的红日已经把它的第一缕曙光挂到了高高的桅杆顶上。这一次迎接他们的不是异国的港口，而是祖国的上海。

三、回国初期

王克勤回国后先后在南京中央卫生研究院、上海李斯特研究所（Lister Institute）、上海国防医学院工作，研究血浆代用品和营养品等。虽然她怀着建设祖国的满腔热情，但当时国共内战一触即发，国家仍处动乱之中，科研工作无法开展。1948年底，她带着幼小的孩子回故里邵阳探亲。1949年秋，她和家乡人民迎来了邵阳的解放，喜悦之情无法形容。不久，爱人吴正若接她们母女返回无锡，她又迫不及待地投入到建设新中国的行列之中。

（一）尽快研制出优质冻干人血浆，以解抗美援朝战争之急

1951年，王克勤就职于上海中国人民解放军医学科学院（简称军事医学科学院）生化室。她一方面参加建院和生化实验室工作，一方面着手冻干人血浆的研制工作。制造冻干人血浆是一项综合性的高科技新技术，中国当时还没有掌握。此时抗美援朝战争已开始，大量的伤员由于不能及时得到血液的补充而死于战场。冻干人血浆由于便于携带和储存，是战地最理想的血液代用品，所以尽早地研制出冻干人血浆，对于抢救伤员的生命有着极为重要的意义。由于当时西方国家对我国实行禁运，高精尖的仪器设备和战争物资非常缺乏。在既无现成仪器，也无完整参考资料的条件下，王克勤白手起家从头做起。她牢记"工欲善其事，必先利其器"的古训，首先致力于仪器设备的研制。当时华东军区卫生部副部长宫乃泉十分重视和支持这项工作，只要是需要的仪器设备，他都批准购买，并给王克勤配备得力的助手，先后为之配有杨进生、华复一和梁文熙等实习研究员。参与研发工作的人员虽少，但大家齐心协力，勇于探索，在缺乏经验的情况下，千方百计创造条件，在工人和有关工程师的大力支持和配合下，实验进展较快。她带领组员先后研制了零下20度直立式离心机、零下40度大型冷凝器（Condenser）、测量零下40度的康铜低温热电偶、大型真空抽气机和高速离心机等设备。他们还研制了800ml硬质玻璃瓶、硅橡胶及密封橡皮塞、稀释溶解液、输液用品等。实验需要的每样用品几乎都由她亲自动手监制或购买。当时王克勤已经是两个孩子的母亲，爱人又在北京汽车厂研制抗美援朝所需设备，多亏她母亲的帮助，她才能把大部分的

时间放在工作上。即使有一次两个孩子同时出麻疹，需要细心护理，她也没有因为家庭的困难而耽误研究。她一心想着要早日研制出冻干人血浆，好送到朝鲜战场前方抢救伤病人员。虽然十分劳累，她却感到无限欣慰。

经过三年多的紧张工作，冻干人血浆终于研制成功。王克勤率先做了滴注，再进行临床实验，跟踪生产环节，最后将成品送到总后勤卫生部鉴定。鉴定合格，她荣立三等功。《健康报》和《解放军报》均做了重点报道。冻干人血浆的研制成功，减小了西方国家禁运对我国的影响，亦给了她极大的鼓励和信心，对以后的研究工作有着重要的意义和指导作用。她为干血浆的制备和血浆蛋白的分离打下了坚固基础，被称为我国干血浆制备的创始人。宫乃泉曾称赞说："王克勤是一个女的，但是她做的贡献抵得上三个男的。"

（二）脂蛋白与动脉粥样硬化关系的研究

1955年春王克勤离开军事医学科学院，调到中国协和医科大学承担繁重的教学和科研工作，同时也参与了天津输血研究所的组建工作。在研究脂蛋白的结构、功能和代解及其与动脉粥样硬化（AS）的关系发病机制方面，她首先提出 β 脂蛋白（β-LP）是致动脉粥样硬化的重要因素，并研究出分离提纯和测定 β脂蛋白、建立动脉粥样硬化的实验模型、应用同位素标记脂蛋白的蛋白部分等方法。实验时，她将131I标记的正常动物和动脉粥样硬化动物的 β 脂蛋白，交叉注射给正常家兔和患动脉粥样硬化的家兔，结果证明胆固醇是以 β 脂蛋白的形式进入动脉粥样硬化斑块的。此外，研究还发现 β 脂蛋白有促进纤维蛋白原凝固的作用。1964年她在全国第十四届生理科学学术会议上就该项研究进行了报告，获得领导和与会同行的赞扬。《人民日报》《健康报》等对此进行了报道,认为她的研究是理论与实际相结合的典范。科学出版社向她约稿,请她写一部20万字有关脂蛋白与动脉粥样硬化发病机制的书。她欣然接受,但由于1965年去山东参加"四清",随后中华大地开始了为期十年的"文革",此书直到1995年才得以出版。

四、"文革"期间

"文革"开始不久,王克勤的丈夫被打成"美蒋特务",遭到关押审查。造反派头子要她与之划清界限,她一口回绝,说:"我不懂政治,但我相信他没有做对不起国家和人民的事情。"不管遇到怎样的困难,她坚持给困境中的丈夫送饭和换洗衣服,对之不离不弃,给予物质和精神上的支持。他们携手走过了五十六年。

不久,王克勤研究冠心病的课题也被批判为是为城市老爷服务的项目。1969年她被下放到江西永修"五七"干校,被迫离开了科研工作。对于一个科学家来讲,这无疑是一个沉重的打击。这时一家五口人,被分散在五个地方。大女儿在黑龙江北大荒,二女儿插队去了延安,刚十岁的小女儿被寄养在长沙妹妹家。丈夫虽然也在江西另一个县的"五七"干校,却几年不能见面。但王克勤是一个对生活充满信心,从不被逆境吓倒,决不放弃自己奋斗目标的人。初到江西干校,她住在当地农村的小学教室里,房子四面透风,没有取暖的设备。下雪时,雪花会飘落在头上和被子上。每天下工,只有一暖瓶热水供给。但她苦中作乐,居然发明了如何用一暖瓶热水洗澡的方法。五十出头的她要和年轻人一起去拉砖,每天要走几十里的路。她一路小跑才能跟上,军代表也表扬她精神可嘉。炎炎夏日,参加"双抢",因劳累过度,她患上了肾盂肾炎和严重的贫血,被允许回北京治病。回到家里，家具已所剩无几，连睡觉的被子都不够。幸亏大女儿从东北兵团赶回，她才得以休息养病。即使这样她仍放不下科学，利用短短的几个星期还去医科院的英语图书馆阅读期刊。

在那宣扬"读书无用"的年代，她坚信知识就是力量。她常常在昏暗的煤油灯下写信给在农村插队的女儿们，鼓励她们努力工作，不要自暴自弃，不要放弃文化学习。她告诉女儿，目前的局面是暂时的，"一个没有文化的民族是愚蠢的民族"。女儿们在农村表现突出，被推荐上大学，但由于家庭审查不合格，没有被录取。她告诉孩子"塞翁失马，焉知非福"，鼓励她们逆境之下不要放弃。她教导女儿"机会总是留给准备好的人"。她坚信只要自己把知识掌握好，机会总会有的。后来在1972年，当周总理开始允许学习外语和大学文化课程时，她建议女儿们开始学习英语，并给她们买了当时价格不菲的收录机和八管半导体收音机。"润物细无声"，这多年的努力激发着女儿对学习的坚持和对科学的追求。在恢复高考的1977年，她的三个女儿，年龄相差十岁，却以优异的成绩同时被大学录取。没有王克勤的不断鼓励和支持，这是不可能的，她是一个坚强的妻子和伟大的母亲。

在农村干校那段时间，王克勤曾被派去"626"医疗小组为当地农民治疗疾病。为解决农村缺医少药状况，并且为农民节省医药费用，他们大多就地取材，采集中药为农民治病，这使王克勤有机会接触了中医。她目睹了中医在治疗一些疾病上的神奇功效，体会到中医学的伟大。她还学会了针灸疗法，因为年纪大，试针时手指有些颤抖，老乡们还以为这位北京来的老先生在用一种针灸新疗法，对她非常尊重，王克勤则幽默地称之为"震颤疗法"。离开干校回到北京后，王克勤一直对中医怀有极大的热情，当时毛主席号召西医学习中医，她立即报名，拜祝谌予老中医为师，进一步学习中医。祝老看病时，她常常像个小学生一样坐在桌旁，戴着老花镜认真地为祝老抄方。因为自己对中医的热爱和尊重，她后来还动员小女儿报考北京中医药大学。

王克勤于1972年底由江西干校到四川简阳进行政治学习，一个月后被派回北京与劳卫所合作，研究克山病。她到黑龙江尚志县发病区调查了三个月后，回北京进行克山病发病机理的研究。根据病区的调查和文献的查询，她认为我国的克山病与美国西北部几个州如达科他州牛羊发生的白肌病有相似之处，推测以亚硒酸钠来治疗是可行的。但关于亚硒酸钠治疗克山病的机理还不清楚。她当时拟测定心肌ATP和血液含氧量，这需要使用Clark氧电极快速测量氧的含量。如果向丹麦购买，一台自动测氧仪需两万余元。为了节省外汇，争取时间，她决定自己研制一台测氧仪。在劳卫所仪器室的合作下，她研制了能自动描绘的测氧仪，可连续测定六个样品，为研究克山病发病机理提供了有力工具。该仪器在1974年被送到医科院展览，获得医科院的表扬和嘉奖。

五、改革开放后迎来科研的第二个春天（1978—2010）

（一）中国脂蛋白和载脂蛋白的奠基者和开拓者

1978年，国家改革开放的政策给知识分子带来了第二个春天，王克勤心中无比兴奋，迅速重新组织脂蛋白研究组，开展起她的研究课题。她立即去医科院的图书馆阅读这些年的外文期刊上发表的论文，感到祖国在科研上落后了许多年，必须努力追赶。原有实验室已迁往四川，她开始组建新的实验室。她善于洞察事物的内在联系，自信规划新的科研计划，开辟新课题。要对临床疾病进行研究，首先要有好的动物模型。于是王克勤和病理系的同人一起，首先着手建立能形成更好的动脉粥样硬化的动物模型。他们先选择了树鼩和北京鸭来建立动物模型。他们以高胆固醇和高脂肪饲料喂养这些动物，旨在可以加速动脉粥样硬化的形成。但结果却与他们的预想截然不同，这两种动物均未形成动脉粥样硬化斑块，在对二者的血液进行分析后显示，其血清胆固醇和 β 脂蛋白均不如家兔增加得快，仅增加了两倍左右，而在同样的喂养情况下家兔两周以后其血清胆固醇和 β 脂蛋白即可上升到正常对照组的十余倍。这些实验结果，虽然不是他们所预想的，但正好和 Miller 和 Gordon 等的假设相符。20世纪70年代中期，Miller 和 Gordon 等从流行病学调查中发现高密度脂蛋白（HDL）较高的人群冠心病的发病率较低，于是提出高密度脂蛋白可能有抗动脉粥样硬化的作用。50年代末王克勤教授等也曾先后对五百余例正常和冠心病患者的血清胆固醇、甘油三酯、磷脂和 α 脂蛋白及 β 脂蛋白进行过测定，根据测定的结果，她也提出了 α 脂蛋白可能对动脉粥样硬化有保护作用的假设。但当时无实验模型作为实验依据。这次对树鼩和北京鸭喂养高胆固醇和高脂肪饲料虽然未能形成动脉粥样硬化斑块，却为他们提供了证实 Miller 和 Gordon 假说的一个良好机会。于是王克勤坚持要测定树鼩血清 α 脂蛋白的变化，实验结果表明树鼩和北京鸭的血清高密度脂蛋白均较高，占脂蛋白70%—75%，因而不易形成动脉粥样硬化斑块。这样，他们首次为研究高密度脂蛋白抗动脉粥样硬化的机理提供了两种较理想的动物模型，开辟了冠心病基础研究和防治的一个新领域。这项研究是一个很好的典范，提示后人要善于观察，以科学实验结果为重和认真治学。

有了动物模型后，从80年代初起，王克勤带领她的研究生和同组的同事们对脂蛋白、载脂蛋白和高密度脂蛋白受体等进行了深入的研究。其研究范围和成果总结如下。

1. 建立多种脂蛋白、载脂蛋白和高密度脂蛋白受体的研究方法

王克勤和她的研究生比较了不易形成和易形成动脉粥样硬化动物之血清胆固醇及其酯、脂蛋白、载脂蛋白和脂蛋白代谢中的关键酶、胆固醇酯转移蛋白（CETP）等的活性。在喂养高胆固醇和高脂肪饲料后，他们发现鸭血清中AI、CII的活性较高，并发现不易形成动脉粥样硬化和易形成动脉粥样硬化动物的代谢途径不同：不易患动脉粥样硬化的动物主要由高密度脂蛋白携带，其中胆固醇酯转移蛋白的活性极低（<1%），说明不易患动脉粥样硬化的动物系通过高密度脂蛋白受体途径在肝脏进行代谢，而易患动物则主要由低密度脂蛋白（LDL）携带，通过低密度脂蛋白受体途径在肝脏进行代谢。此外他们还分离提纯了AI、AIV、Cs（CI、CII、CIII）和E等载脂蛋白及其激活剂。

2. 在国际上首先提出高密度脂蛋白受体途径代谢胆固醇及其酯的假说

自70年代以来科学家在动物及人体中相继发现了几种脂蛋白受体，如低密度脂蛋白受体、载脂蛋白E受体、清道夫受体等。对低密度脂蛋白受体和载脂蛋白E受体已研究得比较清楚，尤其是前者。Goldstein和Brown因发现低密度脂蛋白受体，并进行了大量研究阐明其与动脉粥样硬化的关系非常密切而荣获1985年医学和生理学诺贝尔奖。但高密度脂蛋白受体在上世纪80年代仍有待进一步的研究。王克勤他们在国际上较早地提出高密度脂蛋白受体途径的假说，并做了一系列实验证实了肝细胞膜内存在高密度脂蛋白受体。实验表明，它有特异性、可饱和性和高亲和力，AI是其主要配基。他们用SDS-PAGE多次分离提纯了受体蛋白，并证实其为糖蛋白，含689个氨基酸，分子量为89-KDa，等电聚焦电泳显示它含4个异构体。总之，他们通过做实验和文

献查阅，提出高密度脂蛋白受体途径代谢胆固醇及其酯的假说，即新生的高密度脂蛋白在血液中吸收胆固醇及其酯后在LCAT酶的作用下形成HDL1→HDL2→HDL3→HDL4，HDL3和HDL4进入肝，与肝高密度脂蛋白受体结合进行代谢，因为鸭血中胆固醇酯转移蛋白活性很低（<1%），胆固醇及其酯不再逆转给低密度脂蛋白与之结合，而是通过肝高密度脂蛋白受体途径进行代谢。高密度脂蛋白代谢途径可能是北京鸭不易形成动脉粥样硬化的主要原因之一。该假说已于1992年荣获卫生部科学技术进步二等奖及国家科委科学技术进步三等奖，并于1994年在加拿大召开的第十届国际动脉粥样硬化会议上进行报告，获得大会的好评，增加了与会同人对高密度脂蛋白受体的认识。

3. 高脂蛋白血症的分型

Fredrickson和他的同事在1965年曾发表了以改良的纸上电泳方法对高脂蛋白血症分型的论文，受到临床医生的欢迎。Noble于1969年发表了琼脂糖电泳方法的文章，其分辨率比纸上电泳高。王克勤与周凤兰等立即从琼脂中分离出琼脂糖，并用其电泳分离正常者和高脂血症患者血清，得到了极好的效果，分辨率比Fredrickson和Noble的均高，图像也很清晰，可将低密度脂蛋白分离为四种亚类和八型——I、II1、II2、II3、II4、III、IV和V。此方法比Fredrickson的纸上电泳更为优越，为临床高脂蛋白血症的分型提供了更灵敏的方法。他们共分析了200例，结果发现II4型与动脉粥样硬化发病率最为密切。

4. 载脂蛋白结构研究

载脂蛋白AI是高密度脂蛋白中的主要蛋白质，约占高密度脂蛋白成分的70%左右。王克勤团队对流行病学的调查以及对树鼩和鸭的实验结果均显示，高密度脂蛋白和载脂蛋白AI的水平与冠心病的发病呈明显的负相关关系。此外，他们还发现载脂蛋白AI是肝高密度脂蛋白受体的主要配基，参与胆固醇的逆向运转，在脂蛋白代谢及抗动脉粥样硬化中发挥着极其重要的作用。为阐明树鼩和北京鸭高密度脂蛋白的抗动脉粥样硬化的作用机理，他们利用分子克隆技术，率先在国际上获得北京鸭和树鼩两种不易感动脉粥样硬化动物的载脂蛋白AI及载脂蛋白CI的cDNA序列，推绎出它们的蛋白质序列，比较它们的同源性，并研究其基因在不同组织的表达，发现北京鸭载脂蛋白AI除了在肝、小肠组织表达外，在脑、肾、肌肉也有分布，这说明北京鸭的载脂蛋白AI除结合调节脂质代谢外，可能有多种生物活性，值得进一步深入研究。树鼩脂蛋白AI除了在肝脏表达外，在小肠也有少量表达。载脂蛋白CI亦然。这些研究为进一步研究北京鸭和树鼩的抗动脉粥样硬化作用打下了坚实基础，在动脉粥样硬化的防治上具有重要理论意义和潜在的应用价值。

在对高密度脂蛋白及其中主要的载脂蛋白AI的研究中，王克勤和她的同事们建立了多种分离、提纯和检定高密度脂蛋白的方法。例如以硫酸右旋糖苷和超速离心机大量快速分离高密度脂蛋白，用琼脂糖电泳、电聚焦电泳、免疫双扩散、免疫电泳及双相免疫电泳等检定其纯度，分析Sf值，用电子显微镜观察其颗粒大小和形状，获得纯度很高的高密度脂蛋白，为进一步深入研究其结构、功能和代谢打下基础。他们还确立了一整套分离提纯和检测高密度脂蛋白中主要载脂蛋白AI的方法。在确立这些方法的过程中，她严格要求她的研究生，尽力将研究工作做得完美。他们的工作获得来参观的国内同行和国际友人的赞赏。

王克勤多次参加国际学术会议并作报告，还以中英文发表过19篇重要论文。有关树鼩动脉粥样硬化的研究与病理的研究于1983年获卫生部甲级成果奖，1985年获国家科委科学技术进步二等奖。1992年和1993年有关北京鸭动脉粥样硬化的研究获卫生部二等成果奖和国家科委科学技术进步三等奖。1995年她主编的《脂蛋白和动脉粥样硬化》一书受到广大读者的欢迎。

1986年在武昌湖北医学院召开全国首届脂蛋白及载脂蛋白讨论会时，王克勤被选为中国生物化学与分子生物学脂蛋白专业领导小组主任委员。她建议将领导小组成员增加到九人，以输入年轻血液，扩大代表性。该讨论会每三年召开一次，由各届委员组织，委员每三至五年改选一次。到她退任主任委员为止，全国脂蛋白和载脂蛋白学术讨论会共召开五次大会，分别在武汉、成都、青岛、太原、杭州召开，每次参加的人数递增，学术水平不断提高。参会人员反映这样的专题会议适应了脂蛋白与动脉粥样硬化关系的研究需要，受益良多。这种会议提高了研究人员的素质，也为大家提供了相互交流的机会，与国际动脉粥样硬化会议水平不相上下。王克勤教授1998年不再担任主任之职，后为名誉主任，但她对该会的发展仍然很关注，她希望这项研究不断壮大，并尽快与国际接轨。由于多年来在脂蛋白和载脂蛋白研究领域的贡献，她被誉为中国脂蛋白和载脂蛋白的奠基者和开拓者。

（二）培养研究生和进修生

1978年，国家恢复招收研究生时，王克勤是中国医学科学院首批博士生导师。她对于那些在"文革"中被分配到边远地区的医大毕业生怀有极大的同情，她觉得应该给这些孩子一个再学习的机会。她的头两名学生都来自新疆，是原来医大的毕业生。她将这些学生按序号排位，老大、老二，直到十三，像对待自己的孩子一样。她倾注了许多心血去培养研究生，把她的知识和研究的经验，无保留地传授给学生。她治学严谨，一丝不苟，对学生的科研题目精益求精，学生们也努力做出成绩。王克勤培养出硕士生五人，博士生七人，各类进修生和在职干部共三十余人。经她培养的学生，都具有很强的独立思考和科研能力，毕业后也成为科研领军人物。因为她在国际上的学术影响和声望，她指导的硕士生、博士生和进修生等经她推荐，都先后赴欧、美、加拿大等国家和地区著名研究单位深造，并做出了突出的成绩。她也因为国家培养了优秀人才而得到教委的嘉奖。1997年国际妇女代表会议在中国召开，她被选为院校女杰之一。

王克勤从事科研和教学五十余年，活到老，学到老，于七十一岁才退休。退休后她又带了两位博士研究生，与他们一起完成了载脂蛋白 AI 的功能区和树鼩及北京鸭的 AI 基因结构表达和与人及其他已知动物 AI 的同源性研究。这些科研成果已总结并发表，她的学生对她说："王老师，现在您的研究工作可以画一个圆满的句号了。"她感到很欣慰，但还是有些遗憾，因为冠心病还未被制服，她有很多想法还没有实现。退休后，她曾到美国女儿家住了几年。利用这段时间，她像学生一样上短训班提高使用计算机和互联网的能力。她还学习了用计算机画图，兴致勃勃地制作精美卡片送给亲人、朋友和学生。小女儿也在生化领域工作，其家里订阅的期刊她都仔细地阅读，以了解最新的学术发展动向。她还参加在美国召开的学术研讨会，真可称"老骥伏枥，志在千里"。她始终保持着年轻人的心态，这是她退休后的阳光和动力。由她从小带大的大孙女，也在她的言传身教下，以优异的成绩、杰出的表现毕业于麻省理工学院。

王克勤将一生献给了科研事业，献给了社会。她去世后，女儿们遵嘱没有为之举行遗体告别，而是召开了追思会，尽力把她阳光的一面留给后人。在她的追思会上，前来吊唁的人挤满了礼堂。老同事都手拄拐杖来参加，回忆和讲述了一些她生前所做的少为人知的好事，以此向她做最后的告别。领导给予王克勤很高的评价。她一生淡泊名利，处事低调，认真教学，专攻科研。"春蚕到死丝方尽，蜡炬成灰泪始干"是她追求的境界，在她临走前清醒的日子里，她还向女儿们表达了建立基金会的想法。她对自己的科研工作感到欣慰，但冠心病还未制服。她深知这是一个基础研究课题，需要几代人的努力。她来自贫困家庭，如果没有国内外社会给她的学业资助，她是不可能有今天的成功的。她一生勤俭，乐于助人。家里的众多亲戚几乎都受过她的接济。从50年代评上副教授开始，她的工资几乎没有调整过。退休后养老开销大，收支也就维持平衡。即使这样，她还是想用她的积蓄成立一个基金会，用于资助从事此项科研工作的学生，足见她对推动生化科研的拳拳之心。她辞世后，女儿们根据她的遗产加上亲友和学生的捐款，成立了"王克勤科研基金会"，已于2011年开始发放奖学金。钱数虽不多，但这是王克勤和家人们支持医学基础科研发展的一片心意。她对祖国的基础医学科学研究的贡献还会以奖学金的方式延续下去。她人生舞台上的灯虽然熄灭了，但节目还在继续，音乐如潮水般在大厅中回荡，她的心愿像那小小的烛光，温柔而美丽，亮在很高很高的地方。

吴北霞

王克勤的大女儿。1977年恢复高考后考入北京工业大学机械系内燃机专业学习，1982年毕业后在北京内燃机总厂工作。1985年，赴美攻读理工科研究生。后进入福特汽车公司，担任汽车安全设计工程师。现在波音航空制造公司担任飞机安全设计资深工程师。

吴北跃

王克勤的二女儿。1982年在北京中医药大学毕业后获研究助学金，进入美国韦恩州立大学攻读生物博士。获得博士学位后，先后在美国加州大学旧金山分校医学院和密歇根大学的Howard Hughes医学研究院从事生物基础研究，并在多家分子医学临床检测公司从事产品研发工作，现任NeuModx Molecular公司的研发副总裁。

任均：从静宜女中走出的老鲁艺

王克明

任均，原名任平坤，河南新蔡县人，1934年入学静宜女中。1938年入延安鲁艺戏剧系学习，1940年入延安鲁艺平剧团工作，1942年入延安平剧研究院工作，成为延安主要戏曲演员，有"延安梅兰芳"之誉。晚年出版有口述回忆录《我这九十年》。

　　任均1920年1月出生在河南省新蔡县。她的父亲任芝铭是清末举人，也是老同盟会员，参加了辛亥革命，后来又曾参加北伐，投身抗战。为了民主自由的理想，任芝铭奋斗了终生。他在新蔡县开办的今是学校，至今已育人八十多年。1949年他已八十高龄，先后担任河南省政协副主席、民革河南省委主任委员。任均的母亲张梦吉，虽只是略识文字，但思想比较解放，曾响应丈夫号召，在县里带头放脚，把几个女儿裹的脚全放了，还当过妇女协会会长。

　　任均姐妹六人，没有兄弟，她是最小的。父母的进步倾向，对六姐妹影响很大，除四姐、五姐早逝外，大姐、二姐和三姐都曾就读当时全国的女子最高学府——京师女子师范学堂。任均的大姐夫黄志烜是中国最早的华人矿长，曾任国民政府资源委员会委员，后受聘于卢作孚，任天府煤矿公司总经理。她的二姐夫孙炳文，曾投身辛亥革命，并是中共早期烈士，死难于"四一二"反革命政变。她的二姐任锐早年也参加革命，在孙炳文牺牲后，独立抚养了孙泱、孙维世等儿女。她的三姐夫冯友兰，是中国著名的哲学家、哲学史家。任均的姐姐们，跟她们的丈夫一起，分别走上了实业、革命、文化之路。

民国时期，民智渐开，话剧、电影这些新的艺术种类，得到年轻人的青睐。在中学，尤其是在教会学校，受新观念的影响，年轻人往往更看重话剧之类新的艺术种类。于是，任均曾和她的外甥女孙维世一块儿，去上海向那时候的著名导演万籁天学话剧表演。其实在开封念书时，她就利用课余参加话剧演出了。那时候大家都觉得，话剧是引领时代风气之先的，具有革命性。所以，后来到延安参加革命队伍后，任均直接就进入延安鲁迅艺术学院学话剧了。但她没想到，后来在延安，她却走上了传统戏曲表演的道路。

一、在静宜女中接受外国修女品德教育

从1927年到1937年，由于跟着父母东奔西走，任均先后在新蔡县今是小学、开封北仓小学、河南省立第二小学、开封明伦女中、静宜女中以及北京志成中学读书。1934年，她十四周岁时，在开封入读了河南私立静宜女中。这是一所天主教教会学校，只招收女学生，老师多是修女。外国修女穿一袭黑袍，中国修女穿灰色袍子，她们的帽子都有白色的衬里。外国修女老师给每个入校的新生都起一个英文名字，因此，任均一入校，就有了英文名字Rita（瑞塔）。

任均班上的同学约三四十人，虽然都是初中生，但是十四五

岁到二十来岁的都有，有的女生个子已经很高了。那时候不像现在，孩子七岁都能上学，一级一级往上读。有的孩子上学很晚，所以一个班里的学生，往往年龄差距很大。任均在班里算是岁数小的，个子也小，坐教室的前排。

学校的英文课程都由外国修女任教，任均的英文老师是盖夏嬷嬷。任均至今记得这位修女老师对学生特别亲切。对她们几个坐前排的小女孩，盖夏嬷嬷总是特殊关照，跟她们说话，常是关爱地搂抱着说。盖夏嬷嬷非常善良，听说哪个同学家庭生活困难，甚至没有父母，她就会把那个女孩子搂在怀中，疼爱地用中文说："哦，可怜的孩子！"早上一进教室，她说："Good morning！"学生们就站起来说："The teacher is good！"等她回复"Sit down，please"后，学生们再坐下。学校教育非常强调讲礼貌。包括中国修女老师在内的所有教职工都对人态度友好，从不高声大语，更不恶声恶气。那时候不只是静宜女中，任均记得，她在任何学校都没见过态度不好的老师。那时候人心都好，所有的老师对学生都是和蔼可亲的。

任均记得，盖夏嬷嬷曾劝她们信教，但一点儿也不勉强，不强迫，只是启发她们。她动员任均等几个孩子去教堂坐一坐，听一听，感受感受。任均听嬷嬷的话，和同学一起去过两次教堂。教堂离学校不远，步行就到。到了教堂，任均她们几个孩子不会祈祷，也不知道应该做什么，就一动不动静悄悄地坐着。她们看见一个神父走来走去，用手比比画画，还看见一个穿灰袍子的中国修女在一个窗口前忏悔。任均能听清她是在诚实地忏悔自己做错了什么事情。任均虽不知道她在向谁忏悔，但已明白，人一定要诚实。

孩子们看修女，总觉得有神秘感。修女们一身黑袍子罩着，从来看不见她们穿什么鞋。那时学生觉得，修女们住的地方也很神秘，没有人见过她们的卧室和床。有一次盖夏嬷嬷叫任均给她往宿舍送东西，任均去了她在二层楼上的住处，只见外间屋干净整洁，但看不见里屋。

学生们在学生餐厅吃饭。每次吃饭前，全体学生起立，穿着灰色衣袍的中国修女站在前面，在中国修女老师的带领下，大家一起在胸前画十字祈祷。祈祷完了，才可以坐下吃饭。桌子是长条形的，一张饭桌能坐好几个学生。

任均对一个胖胖的教语文的中国修女老师印象很深，因为她也非常慈爱。任均印象最深的是，这位老师虽不是体育老师，但是动员学生锻炼最多。她说体育活动对身体好，让学生们去打篮球。任均听从老师的劝说，常去学打篮球，也参加跳远、跳高等活动。学校操场上就有篮球架，也有沙坑等体育设施。

那时学生都住校，只有星期日能在家里过。任均的宿舍在二层，房子很高，但没有上下床。一个大房间住好几个学生，一人一张床一个床头柜，一律白色床单，非常整洁。学校非常重视卫生教育，如果学生没做好，要进行惩罚，以培养学生干净整齐的生活习惯。有一次，任均把东西随便放在床上，后来忘了收拾，被检查卫生的老师看到了，结果被惩罚一个星期日不准回家。那个周末，还有一个姓万的汝南女孩，也因为卫生整洁问题，被惩罚不准回家。她们俩就在学校吃饭，在校园里随便玩儿。任均记得那时学校有养鱼的大鱼缸，她们两个女孩子在大鱼缸跟前高兴地互相泼水，玩儿得一人一身湿。

任均在静宜女中时，1935年的一天，看到一些年龄大些的同学，胳膊上戴着黑纱，围在一起哭，都是伤心悲戚的样子。她问同学发生什么事了，大家说是阮玲玉死了。阮玲玉是当时的大明星，她的去世，使追星的女同学都非常伤心。学校不组织这方面的悼念活动，女学生们就自己戴上黑纱。任均当时看过阮玲玉演

抗战前任均在静宜女中教学楼前留影

的电影，虽然她不追星，不迷阮玲玉，但受到大家悲伤情绪的影响，也很难过。1936年鲁迅先生去世时，学生们也戴上黑纱，许多同学崇拜鲁迅的进步性、革命性，所以更加悲伤，气氛也显得更加庄重。

在静宜女中，任均最大的收获是诚实、善良、不说谎。修女老师持续地对学生进行这方面的品德教育，并且以身作则。任均说，不管后来她走上了哪条道路，修女老师们的这些好品德，都影响了她的一生。

二、父亲任芝铭把她送到延安

抗战开始后，任均很快参加了她二姐任锐组织的妇女救护队。那时她十七岁。地方上拿她做宣传，说任举人最小的女儿都要上前线，结果一下子号召了十几个人参加救护队。任锐带着她们去郑州，帮着护理伤兵。当时郑州的报纸上又发消息，报道任举人的两个女公子参加抗日救护队的情况。救护队解散后，任锐辗转经山西去了延安。

而任均则因为喜欢唱歌演戏，参加了东北军第130师的阵中剧团。半年多的时间里，她随剧团在河南、湖北的几个县城演出抗日剧目，曾演出过《顺民》等抗战主题的独幕话剧。河南省城开封沦陷后，省政府曾搬到镇平县贾宋镇。任均的父亲任芝铭时任第13军后方留守处主任，也驻贾宋镇。这期间，任芝铭夫妇曾经从贾宋镇回新蔡，与女儿任均团聚，也曾带任均到贾宋镇军中住过。他们收到已在延安的任锐的来信，说孙维世在那儿，让任均也去。任芝铭夫妇对任均说："有机会你也去延安吧，跟你二姐在一起。"这样，任均就打定了主意，早晚要去延安。

1938年冬天，父亲让任均离开东北军，去西安跟他会合，转道去延安。那时任芝铭在军中负责军需及兵源等工作，可以利用手中职权，给想去黄埔军校的青年提供帮助，也给愿意去延安的青年提供方便。他亲自介绍了几十名青年去延安抗大。凡是去延安的，他都派第13军军车送过胡宗南管区。那时，经任芝铭帮助去延安的青年，有三百七十多人，其中大部分是新蔡今是学校的学生。任均到西安与父亲会合后，任芝铭便去八路军办事处联系。12月的一天，父女俩一起坐上八路军办事处的敞篷卡车，从西安出发，北上延安。那两辆卡车上坐了几十个人。那时道路非常难走，又是冬天，下雪路滑，敞篷车很冷。头一天只走了几十公里。任均跟父亲说想吃炒面。"你看你，想吃这想吃那的。到了延安你可不能想了。延安艰苦呀，你得准备着吃苦。"父亲说，"范仲淹也在延安吃过苦。你去吃了苦，就明白他说的'先天下之忧而忧'的道理了。"

冬天的黄土高原，极目望去，光山秃塬，四野苍凉。在这样的季节里，经过五六天的汽车颠簸，任均走进了延安。那时，她眼前的延安城，已经被日本飞机轰炸过多次，几为平地了。他们步行往返于延安南门和北门时，说是穿城而过，实际上是走过一片废墟，残垣断壁，没有人烟。从那时开始，她过了十年窑洞生活。

她的二姐任锐和外甥女孙维世都已在延安，马上过来相聚。在延安重聚，大家都很高兴。她虽是孙维世的姨母，但年龄相仿，从小就在一起玩耍念书。孙维世建议六姨任均不用像别的人那样先上抗大，而是直接去考鲁艺戏剧系，学话剧。鲁艺的考试老师是姚时晓，他让任均读了一段儿丁玲的词，还要求带表演读了一段《顺民》的台词。几天后，任均被录取了。话剧是新生事物，是引领时代风气之先的艺术种类，知道女儿任均去学这个，父亲任芝铭也很高兴。

任芝铭在延安时，农历冬月十八，毛泽东在统战部招待所的

这是一张30年代的照片，左起依次为任锐、孙维世、任均

窑洞里，设宴请他吃饭，他的女儿任锐、任均和外孙女孙维世都被叫去了。开始时，毛泽东在致辞中说："任老先生从蒋管区不远千里而来，亲自把你女儿送到延安来，辛苦了！我们非常欢迎你！"任芝铭答谢时说："蒋管区空气太污浊了，我来延安透透新鲜空气。"那时，毛泽东的游击战术比较有名，任芝铭很感兴趣，谈话中就向毛泽东请教。毛泽东说要编本书，还没编出来。吃饭中间，任均注意到有个女人，穿件日本的黄绿呢子大衣，长发披肩，不止一次过来掀门帘往里看。任均认出来那是蓝苹，也就是江青。她和孙维世1935年一起在上海学演剧时，江青给她们讲过课。

三、大下大漏，小下小漏，不下还漏

鲁艺当时在延安北门外，周围都是坟地，没什么人烟。起初，任均她们几个女生住在黄土墙壁、泥草盖顶的旧平房里，门坏了，关不上。夜里听见门外有狼叫，就找根木棍把门顶住，心里才踏实点儿。后来，学院把女生全都搬到半山腰的窑洞里。那窑洞没多大，十来个人一个炕，都得侧着身子睡，人挨人。夜里谁上趟厕所回来，就很难再钻进被窝去了。生活条件虽然艰苦，但是年轻人在一起，说说笑笑，嘻嘻哈哈，很新鲜，也特别愉快。后来，鲁艺搬到乔儿沟去了，条件才算是有了很大改善。乔儿沟有座废弃的天主教堂，成为鲁艺的排练厅。

1940年任均到鲁艺平剧团后，又分配住小平房，房子四面都是土墙，房顶是先铺上草再糊上泥。房间与房间的隔墙都只有半截，上边是通的，这屋说话，那屋可以回答。有时雨下得大点儿，房顶就漏。大下大漏，小下小漏，不下还漏。一次雨下个不停，水滴到床上，任均就挪床。床是两条板凳搭块板，好挪。

可是，从这儿挪到那儿，从那儿挪到这儿，怎么挪都躲不开漏水处，她的被褥全湿了。终于，又受潮又受凉，她得了疟疾，发高烧昏过去了。不知道是谁把她给背到了半山上的医务室。等她第二天能睁眼时，看见自己孤零零地躺在一个破窑洞里。

那时候鲁艺有个卫生员，每天来给任均送两片药，端点儿水。任均一个人昏睡在那儿，晚上有没有人给关门，她也不知道。打摆子这种病，隔一天发一次，一天昏睡，一天发作，吃了一星期药都没管用。终于，卫生员搞来了奎宁，给她一吃，就好了。但从此，因为吃奎宁，她一只耳朵不好使了，听力受了损。

1940年，国民党对陕甘宁边区实行了封锁。本来，她们平常一天吃三顿小米，偶尔还可以吃到点儿大米、白面、肉，改善改善生活。可是，国民党封锁边区以后，就改成一天喝两顿稀粥，挖野菜放点盐煮煮就吃了。那段时间，她们的被服都紧张了。本来，应该每年发一次棉衣，到1940年该发棉衣时，也发不下来了。大家的旧棉衣都破得不行，只好缝了又缝，补了又补，补丁摞补丁地穿。有些男同志没有内衣，一冬天就空穿破棉袄。鞋也发不下来，大家就找破布，自己用布条打"草鞋"穿，一年四季都是。有的同志打不好草鞋，就到垃圾堆里去捡别人穿剩下的破草鞋。冬天就自己做棉袜子，不会做的，过冬就在草鞋里面用烂棉花包脚。

那些年里，大家都在食堂吃，自己不用点火做饭。早期在窑洞里睡冷炕，后来睡的都是木板床，用不着烧火。当地老百姓过冬是靠烧热炕取暖，而任均她们是分配木炭取暖。不烧火的窑洞，冬天冷得瘆人，夏天潮湿得老得晒被子。下乡演出时，她在老乡家睡过热炕，觉得真舒服。

四、冼星海动员她参加了《黄河大合唱》

　　1939年3月，任均和另外两个同学一起，在鲁艺秘密加入了中国共产党。那时组织派人跟她谈话，了解她家里情况等等，觉得她单纯，是学生，没问题，就秘密发展她了。虽然是在延安，但单位里党组织的活动也是秘密的。支部和支部之间，小组和小组之间，都不能直接联系。党员身份都不公开，个人只知道自己党小组的成员。支部大会安排在晚上，在大窑洞里开，不点灯，黑灯瞎火的，谁也看不见谁。小组通知开会，要趁左右无人的机会悄悄说。然后大家分散着陆续地溜进后山，找到山弯里的秘密开会地点，就跟地下党似的。每次开会，大家都坐在地上，靠在土崖边，弄一身土。任均会后回到窑里，有的同学就帮她拍打，说："看你蹭的这一身土！"其实，人家都知道她开党员会去了。没入党的同学要是看见谁往后山溜，就知道对方是党员了。

　　任均入党后没多久，一天，音乐系主任冼星海来到她们女生窑洞，动员她们参加排练《黄河大合唱》。那是冼星海同志在鲁艺创作的音乐作品。在组织鲁艺的演唱队伍时，音乐系的人不够，他就动员各个系的人都参加。一开始大家都躲着，好多人觉得自己不是音乐系的，不是唱歌的那块料，去了跟滥竽充数似的，就不想去。冼星海就亲自一个同学一个同学地挨个动员。他找到任均她们时，她们都往人背后躲。冼星海对她们说："我知道你们会唱歌，都唱得挺好的。"任均说她唱不好，冼星海说："没关系，大家一起唱，需要阵势强大。"他告诉同学们，这个合唱能鼓舞民族的抗日斗志。看他把好多人都动员去了，任均也就去了。

　　那时，任均的母亲去世不久，她戴着黑纱参加了《黄河大合唱》的排练。现在一些有关延安的展览上，常见一张当时留下来的冼星海指挥排练《黄河大合唱》的照片，就是在鲁艺那里的山脚下她们排练时照的。那里面，前排靠中间一个胳膊上戴着黑纱的女孩子，就是任均。《黄河大合唱》里的那些歌，大家都很喜欢，进行曲的节奏，也使大家情绪激动，所以排练得很顺利。后来音乐系的同学多了，她们只演出了一两次，就不参加了。1940年，冼星海老师就离开学校去苏联了。

五、在鲁艺戏剧系学话剧，却多演京剧

任均从小就喜欢戏曲。在北京上学时，她课余就学着演过两出京剧，一是演《鸿鸾禧》的金玉奴，二是演《御碑亭》里的小姑。不料，虽然不是她的本意，她却从1939年春天开始到1949年初，整整十年一直在延安从事京剧工作。

她进入鲁艺后，开始系统学习戏剧基本知识，学习话剧表演

冼星海在山崖下指挥排练《黄河大合唱》，前排中间胳膊上戴黑纱的就是任均

艺术。那时，院长周扬给全院上大课，讲艺术论，戏剧系、文学系、音乐系、美术系的所有学生都去听。那会儿没有礼堂，所有人都在院子里黄土地上坐着，听周扬有声有色地讲课。张庚同志是鲁艺戏剧系主任，讲授戏剧概论。除了课堂授课外，他要求同学阅读苏联经典名著，以提高艺术修养，如《安娜·卡列尼娜》《复活》《被开垦的处女地》等。鲁艺书少，大家你一本我一本换着看。

那时，任均跟戏剧系的同学们一起演过两个话剧。一个是崔嵬编导的独幕话剧《被蹂躏的女性》，她是主演。另一个是姚时晓导演的日本话剧《婴儿杀害》，她扮演警官的女儿。她还曾参与排练曹禺的话剧《雷雨》，扮演四凤。她那时是第一次系统学习戏剧理论，并尝试着与戏剧实践结合，所以，那个时期的学习，对她来说收获很大。

任均在鲁艺学的是话剧，但出乎她意料的是，她演得最多的却是京剧。在戏剧系学习话剧期间，因为她有一些京剧演唱的基础——在老家时跟着唱片学了些，还曾在北京向刘凤林学了《鸿鸾禧》，所以，从1939年春天开始，她参加了多次临时组织的京剧演出活动，最初参加演出的就是传统戏《鸿鸾禧》的前两折。说是传统戏，但她们是穿着现代服装演出的，因为当时延安还没有戏箱（京剧演出的戏装、行头等），只能有什么就穿什么演。她第二出戏演的是《打渔杀家》，也是穿着现代服装演的。

六、参加延安第一场古装传统戏演出

最初大家都是业余参加京剧演出。1939年春夏之交，鲁艺成立了一个旧剧研究班研究京剧。旧剧研究班的任务是研究京剧如何为抗战服务及其将来的发展前途。这是延安的第一个京剧组织，由少数懂些京剧的同志组成。由于力量薄弱，又有几个人被调往敌后根据地，不久研究班就撤销了。

1939年秋天，任均参加演出了阿甲编剧并主演的京剧现代戏《钱守常》。这个戏虽是宣传抗战，但仍保留传统戏的"一桌二椅"和"自报家门"。那时，延安的现代戏是纯粹的旧瓶装新酒，就是形式全是旧的，人物和剧情却是新的。比如扮彭德怀的花脸演员，穿着八路军军装，却迈着戏曲方步上台来，手执马鞭，自报家门："我乃彭德怀是也！"扮演女政治指导员的演员，也是穿着军装，道白却是："待我宣传鼓动一番便了！"

为了让延安能排演古装京剧传统戏，1939年党中央出资买回了一副旧戏箱。虽然其中还缺很多服装道具，但勉强够用了。有了行头，大家马上就开始排演古装传统戏。1940年元旦，延安真正开始了古装京剧传统戏的演出。那天，任均参加演出了延安的第一场京剧传统戏全本《法门寺》。可能是因为演传统戏时穿戏装比穿现代服装好看，加上演员、乐队阵容齐整，那次《法门寺》的演出轰动了延安，盛况空前。当时，京剧《法门寺》一天一场，连演四天，话剧《日出》也连演四天，天天观众人挤人。毛泽东和朱德，还有其他的中央领导人，凡是在延安的，都来看了。毛泽东看了一场《日出》，却连看了四场《法门寺》。

接着任均他们演的传统戏是全本《鸿鸾禧》，也叫《棒打薄情郎》。任均还是扮演金玉奴。这出戏当时也很轰动。全本《鸿鸾禧》里金玉奴的唱腔和表演，任均都是上学时向刘凤林学的，她对此最为熟悉，所以表演起来比较自如。当时，周恩来刚从苏联疗伤回来，看了他们演的《棒打薄情郎》。过了两天，任均收到周恩来写来的信，里面提到她这次演出，说："前晚看了你的拿手戏，赞佩不已！"那几年，周恩来常驻重庆，每次回到延安时，无论鲁艺演什么戏，他都来看。

延安买来戏箱后，在演出传统戏的同时，也演出过着戏装的新编历史剧。那时，任均参演过两出。一是《梁红玉》，她扮演梁红玉。二是《吴三桂》，她扮演陈圆圆。

七、毛泽东鼓励发展传统戏，请听京剧唱片

1940年4月，鲁艺成立了专业研究、演出京剧的平剧团，全称鲁艺平剧团。这是延安第二个京剧专业组织。那年，任均结业分配工作时，组织上决定让她去新成立的鲁艺平剧团工作。这在她思想上引起了很大的波动，因为她没有这种思想准备。她爱好京剧，也演出过一些京剧，并受到观众欢迎，得到领导鼓励，但她并不心甘情愿以演京剧为专业。因为那时候她觉得，参加了革命，怎么能再搞比较老的艺术种类呢。京剧是封建社会的产物，话剧才是新事物，再说自己在鲁艺学习的也是话剧。但组织上找她谈话，她就服从了分配。从此，她结束了话剧专业的学习，开始了京剧专业的工作。

鲁艺平剧团成立后，在延安专业搞京剧的成员就有几十个人了。任均在团里当演员，任党支部委员。这段时间，除了参加演出几个保留剧目外，她又主演了《十三妹》《玉堂春》《宇宙锋》，还跟别人联合主演了《龙凤呈祥》《四郎探母》《宝莲灯》《梅龙镇》《奇双会》。这些戏，她都是边学边演的。随着艺术实践的不断增加，她的表演水平也逐渐有所提高。

1941年春，毛泽东想约谈延安几位主要的京剧工作者，就让江青联系。江青找到于陆琳，说主席要请几位搞京剧的同志去家里做客。于陆琳就来找好友任均。任均告诉了阿甲等同志，他们就一起如约去了杨家岭，到毛主席那儿做客。

那天毛泽东特别客气。鲁艺这些人里，好几个人都抽烟。毛

泽东双手给他们一个一个地递烟。几个经常上台演出的人叫什么名字，他都很熟悉。他跟大家聊历史，聊艺术，聊京剧知识及戏曲发展前途。大家惊讶地发现，他对京剧流派、名角都挺熟悉的。他还请他们听了好多京剧唱片，梅兰芳的、程砚秋的、马连良的，生角的、旦角的，全都有，都是传统戏。在当时的延安，京剧唱片可是稀有的东西，大家都动手帮着摇留声机，听得非常高兴。

那天，在新建的中央办公厅楼三楼小会客厅，毛泽东请他们一群人吃大米饭。大家吃完了又开聊。毛泽东在杨家岭共招待了他们六七个小时。大家觉得，领导同志这么喜欢京剧，京剧就一定也是重要的革命工作。

在鲁艺平剧团成立前后，延安演出了几十出京剧古装戏，主要是传统戏，也有新编历史剧。那些传统戏的剧本，都是从毛泽东那儿借来的。毛泽东有一套上海大东书局30年代初出版的《戏考》，是一部剧本汇刊，搞戏曲的人拿着有用。全延安就他这一套，剧院想排哪出戏了，就跟他借，用完就还。

八、进入延安平剧研究院

延安平剧研究院（以下简称延安平剧院）组建于1942年4月，这是延安第三个专业的京剧组织。任均和鲁艺平剧团的全体同志一起，从此离开了鲁艺。在延安平剧院，任均仍担任演员，也曾担任兼职研究员，还兼任过教员。

进入延安平剧院后，任均学习和演出的传统戏，除了原来在鲁艺平剧团演过的外，还有《一捧雪》《得益缘》《小放牛》《大登殿》《铁弓缘》的"茶馆"一折等等。任均在以上几出戏里，都是扮演女主角。

任均还参加演出了著名的传统戏《四进士》。这出戏讲的是明朝嘉靖年间有位叫杨素贞的女子，丈夫被人谋财毒死，自身被卖与布商杨春。杨春知情后代她告状。四位出京做官的新科进士，有三位在杨素贞案中贪赃枉法，只有一位接状明审，杨素贞得以雪冤。在演这出古装戏时，正演到悲伤的女主角杨素贞行到半路，任均觉得头上太素，便趁进入后台的机会，给自己插了几个头饰，添了些色彩，随后又上台去接着唱："听谯楼打罢了初更鼓响，不由人一阵阵泪落数行……"演出后，江青给她提意见：那杨素贞走到半路上，哪儿来的那些花头饰插上？任均觉得她提的意见是对的。行至半路，又在悲伤中，剧中人杨素贞不应该有插花打扮的心思。

整风运动后期，延安平剧院里非常多的人都受了冲击，但工作照旧进行，演出照常安排。那时，任均生第一个孩子后，参加演出了《上天堂》《回头是岸》《张学娃过年》和《醒后》几出现代戏。这几出戏里，她都演主要的或重要的角色。

《醒后》那出戏，许多唱段采用的是河北梆子调儿。她从没唱过河北梆子，牛树新同志就教她唱，可她学不出那个味儿。牛树新说："没关系，多练练就行了。"那时，她很听话，组织上叫她唱，她就唱；让她演，她就演。戏演得多了，她胆子也大了，唱得有味儿没味儿，都敢上台。演出《醒后》没几天，她在党校碰见了王鹤寿同志。王鹤寿当时在组织部工作，但是很懂戏，也很爱看戏。他看了《醒后》。那天一看见任均，他就笑起来，说："任均哪，你可把河北梆子糟蹋苦了。"

1944年和1945年，任均在延安平剧院参演了新编历史剧《逼上梁山》和《三打祝家庄》。在《逼上梁山》中，任均扮演林娘子。在《三打祝家庄》里，她扮演乐大娘子。那时候，《三打祝家庄》从剧本定稿，到预定的演出时间，只有二十来天，时间非常紧。延安平剧院全院当时一百多人，全力以赴投入排练。排演场地就是平剧院所在之半山腰的一块平地。那个地方也是他们平日的排演场，一年四季，春夏秋冬，他们都是在那黄土地上摸爬滚打过来的。

那段时间，除京剧外，任均还参加过眉户戏《治病》、歌剧《红鞋女妖精》、歌舞《花鼓》和话剧《等着我吧》的演出。《花鼓》演出很受欢迎，成为保留节目。在后来一段时期内，延安每有重要晚会，都根据当时需要，现改歌词，演出《花鼓》。1946年3月，美国马歇尔将军到延安，党中央举办大型欢迎晚会，他们也上台演出了《花鼓》。任均记得那次改编的歌词里有"马歇尔将军美名传千古"。

任均在延安平剧院参加演出的最后一出戏，是大型现代讽刺话剧《升官图》。她扮演马小姐。这出戏通过再现肮脏的官场交易，表现了贪赃枉法、寡廉鲜耻、关系学盛行、真理良心丧尽的官僚政治现实，说明国民党政权的腐败不是个别现象，而是整个统治机构的糜烂。那是一种创造性的特殊艺术形式的演出，非常受观众欢迎，报纸上还有评论文章给予很高评价。

九、窑洞塌了，一家三口被埋在里边

那些年在延安研究和演出京剧，工作条件和生活条件都很差。演员们在野地喊嗓子，练功、排戏都是在半山坡或平地找空场。大家跑圆场、翻跟头、练武功等，都是露天进行。后来，有过一个小礼堂，其实就是一间大平房。开会、吃饭、练功、排戏，甚至内部的小型演出，都在那里进行。在延安本地公演的时候，他们常在露天的舞台上演，也在几个并不大的礼堂里面演过。观众座位是用横木板钉的。舞台、后台都小得很。

任均在延安演出中打花鼓

任均在延安演出《升官图》时的剧照。左边
演员是王红宝

在这样艰苦的条件下，1942年，任均在延安平剧院与王一达结婚。第二年夏天，在延安整风运动最激烈的日子里，他们的大儿子出生了，学名取为"延风"。那个阶段的整风运动，当时也叫"坦白运动"，所以他的小名叫"坦坦"。

任均怀孕期间，大生产正在开展，她还随大家一起开荒种地，很是辛苦。工作之余，她就纺线，王一达则上山挖药材。怀胎十个月，她每天只靠食堂的三顿饭，没吃过一个水果、一根萝卜、一根黄瓜。生孩子前，组织上给孕妇发一斤红糖，是让月子里吃的。但她馋得不行，还没生孩子，就吃过两次。他们住的地方在半山上，怀着孩子，大着肚子，她还得走老远的路，下山到延河边一盆一盆地洗衣服。

那时候正在搞运动，人人自危，不说别人的坏话，也得说自己的坏话。可是任均却不用这样——孕妇受照顾，省了好多心。

在运动最激烈的"抢救"阶段，有一天，她肚子疼起来了。几个有力气的男同志，把一个窑洞的门板卸下来做成个担架，把她放在上面，一路小跑七八里地，将她抬到了医院。

生了大儿子后，组织上给任均调了一个大点儿的窑洞，一家三口住在里面。那时住的窑洞，都是来投奔延安的人自己挖的，不懂得像老乡那样给窑洞箍顶（一种支撑窑洞穹顶的方法），只是打个山洞就往里住。一天晚上，大雨瓢泼，山洪暴发。到半夜，"轰"的一声巨响，任均他们惊醒，听见外面大雨"哗哗哗"，四周一团漆黑，什么也看不见，只觉得空气中全是土，呛得半天上不来气儿。过了半天才明白，他们的窑洞塌了！幸亏他们睡在窑洞的最里面，塌的是窑洞的前半截，没砸到他们。

窑洞塌了之后，尚有透气的缝隙。任均一家三口就在那塌窑里被堵了半夜。外面漆黑，下着大雨，他们只能听着雨，哄孩子睡觉。好容易盼到天蒙蒙亮，王一达找了个东西，在缝隙处挖了半天，钻了出去，喊来人，再把塌下来的土铲开一些，任均才能抱着孩子爬出来。那次真是大难不死。

十、在杨家沟听周恩来讲"窦尔敦性格"

1946年11月，胡宗南进攻延安前，任均和王一达都转到了山西的晋绥边区，在成立不久的晋绥军区平剧院工作，归贺龙司令员管辖。任均在那儿担任研究员，仍兼做演员。她除演出从前的一些保留剧目外，还新学习和演出了《御碑亭》《凤还巢》《樊江关》等几出传统戏。

1947年12月，晋绥军区平剧院奉命组织五十多人的演出队，隐蔽行军，夜渡黄河，到陕甘宁边区进行慰问演出。王一达是领队。他们先到陕北的米脂县杨家沟为中央和解放军总部演出。那是一个很大的村子，在山顶上。那时，中央正在召开重要会议，毛泽东和周恩来都在那儿。他们像原来在延安时一样，还是连续来看演出。

12月21日，午饭后演出队接到通知，说中央领导要接见他们这五十多人，他们就集合到一个院子里等着。那院子里窑洞的窗子像教堂的窗户，很好看。一会儿，贺龙领着毛泽东来了。大家都非常惊喜，热烈鼓掌。王一达作为主持人简单说了几句，就请毛主席讲话。那时是战争环境，讲话内容要求保密，不准记录。

毛泽东先讲战争形势，又讲京剧改造。他说："你们平剧院接受旧的艺术，还要创造新的艺术。旧的艺术是有缺点的，尤其是它的内容，我看是颠倒是非、混淆黑白。"他说旧戏里，孔明一出场就神气十足，劳动人民不过是跑龙套的，要"改造更多的旧戏"。那时任均他们演出的戏里，有一出叫《恶虎村》，讲的是《施公案》黄天霸的故事。这是一出传统戏，但毛泽东那天讲话中说："《恶虎村》这出戏应该把黄天霸改写成特务。"

1948年初的一天，周恩来到他们的驻地，先走进演出队负责人的窑洞，对王一达说要到每个窑洞去看望所有的同志。王一达想请他讲话，就建议把大家集合起来。

周恩来一开始就说，看了《连环套》的演出，从窦尔敦想起了张学良。周恩来说，窦尔敦讲义气，接黄天霸上山，就一定要送他出寨。张学良也讲义气，扣了蒋介石，就一定要送他回南京。窦尔敦和黄天霸约定，比武不胜，就交出御马。朱光祖盗窦尔敦的武器时，没杀窦尔敦，窦尔敦也要讲义气，甘愿被擒。张学良讲义气虽然没到甘愿被擒的程度，但也是被擒了。周恩来说，张学良有"窦尔敦性格"，是由于他自幼在家庭受了江湖义气的影响。张学良又很爱看旧戏，《连环套》这出戏对他影响很大。

1948年，晋绥军区平剧院被调回收复后的延安，改称陕甘宁晋绥联防军区平剧院，1949年又改称西北军区平剧院。从杨家沟之行后，到1949年2月任均离开这个剧院，她又参演了王一达等编剧的《北京四十天》，扮演陈圆圆。

十一、黄河上的艄公保住了他们的命

胡宗南退出延安后，1948年晋绥军区平剧院奉命调回延安。在山西西北兴县，任均他们走到黄河边一个船码头，知道了去延安有两种走法：一种是在那儿坐摆渡直接过黄河到对岸，然后走好几天旱路到达延安；再一种是坐船沿黄河，顺流而下几百里，一天到延川，上岸后只需再走两天旱路，就可以到延安，能节省几天路程。他们决定采取后一种走法。

可那时正赶上水大浪高，这么走很冒险，没有船工敢送他们。最后他们找到了一位老艄公同意送。老人说，你们都坐好，不会出问题。大家就带着行李、演出用的家当等，任均还抱着孩子，几十个人上了一条大船。

大船刚撑离河岸，就吓了大家一大跳。它突然加速，失控一般，漂流而去。河水之湍急，可谓前所未见；浪头之高大，也是过去经所未经。大家这才意识到，这水路的危险性比想象中的大得多。山陕大峡谷之间，浑浊的黄河，水流很急，浪非常大，猛烈地撞击船身。船在水里摇晃得厉害，一下子歪到这边儿，一下子又歪到那边儿。大浪"啪啪"地拍撞着木船，溅得他们身上全都是水。忽然，大浪一推，船身斜起，眼看要翻，又一下子跌落谷底一般，再向另一边儿倾斜。大家牢牢地扒住船身，谁也不敢松一下手。任均的大儿子那时四五岁，她和王一达紧紧把他搂在中间，扳住船。这是条旧船，走了一段儿以后，船底忽然漏了。

艄公就指挥大家赶快拿出棉衣、棉被，七手八脚填堵窟窿，用手往船外舀水。水流稍缓时，艄公对付着把船撑到浅滩，修补了一下，才又走。

一旦走到河面窄的地方，一边是悬崖绝壁，一边是高山乱石，天若一线，水若一柱，往往水更深，浪更大。黄河里有一种开花浪，对行船威胁最大。如果他们的船正撞在那种浪头上，船会立马被打散，轰然解体，船上的几十个人就将跌入浪间，跟那些碎木片一起，无影无踪了。幸亏撑船的老艄公熟识水性，会绕着浪头走。有时，船刚过一个惊险浪头，就又一个大浪涌起，看上去铺天盖地的，要是砸下来，整条船立刻完蛋。艄公却能把大船从浪下撑过去。遇到这么大的浪，艄公一边撑着船，一边不停地祷告："天爷爷保佑，天爷爷保佑，我这坐船的都是好人也，我这坐船的都是好人也……"

这一天，任均他们就这样在湍急的黄河水流中跌宕起伏着，精神极度紧张。天快黑的时候，他们终于到达了目的地。木船平稳靠岸了，脚踩在坚实的土地上了，身体却还感觉是在船上晃着。一些同志高兴地喊了起来："我们活着回来了！"

这次回到延安，任均住在宝塔山的半山腰，几个土窑洞一排，洞里有防空通道相连。那时宝塔山顶上都是庄稼地，由老百姓种着，宝塔就竖在庄稼地中间。任均他们单位在那里既学习，又排戏，还创作、演出。住那儿的那段时间，任均曾在乔儿沟住院多时，生下了大女儿。几个月后，她就离开延安，到北京去了。

任均第一次正式登台演京剧，是在延安；最后一次登台演京剧，也是在延安。1949年2月，她作为西北大区的妇女代表，同代表团其他成员一起，坐着大卡车，从延安到北京，出席第一次全国妇女代表大会。她的丈夫王一达与她一起，去参加当年的第一次全国文学艺术工作者代表大会。从在鲁艺戏剧系学习起，到出席第一次全国妇女代表会止，任均在延安和晋绥解放区长达十年，参演了五十余出京剧传统戏、新编历史剧和现代戏，得到了"延安梅兰芳"的美誉。在解放区从事京剧事业，就像是冥冥之中的安排，她力所能及地完成了这个使命，走过了那段岁月。那以后，她再没有登上过舞台。

十二、脱离了舞台生涯

1950年，任均调任天津市文化艺术工会宣传部部长兼文艺工会业余学校校长，从此脱离了舞台生涯。她说自己是"一进城就退出了历史舞台"。后来她曾在我国驻保加利亚大使馆、北方昆曲剧院、辽宁青年实验戏曲剧院、北京戏剧专科学校等单位任职，"文革"中曾受到一定冲击，长时间下放干校劳动。1983年，她正式离休。由于她对戏剧事业尤其是京剧事业做出过重要贡献，《中国京剧史》已为她立传。

任均调到天津时，正值抗美援朝运动期间，农村的土改运动也正进行得轰轰烈烈。同时，改造世界观的各种运动也接踵而至。他们整天开会，整天搞批评和自我批评。抗美援朝、土改、镇反、"三反""五反"，所有这些运动，接二连三，环环相扣，不松劲儿，让人喘不过气儿。这些运动一直给人很大压力。1955年，王一达接到出国工作的任命，任均就随他一起去保加利亚了。那之后的几年间，他们精神上比较轻松，先后去了苏联、南斯拉夫、匈牙利、捷克斯洛伐克、波兰、民主德国等国家。

1959年回国后，任均被分配到北方昆曲剧院工作。那期间正值"大跃进"和人民公社化运动，全国出现大饥荒，任均的父亲任芝铭到北京开会，向周恩来、邓颖超详细反映了灾情，也向晚辈们有所叙述。但随后，党内"反右倾"运动就开展起来。一天，王一达接到通知，让外交干部都去中南海怀仁堂开会。回来后他告诉任均，他参加的竟然是批判彭德怀彭老总的大会。他说，彭老总是多大的功臣呀，现在要反他了，太遗憾了！他说会上还有人质问朱德反对过毛主席没有，差点儿连朱老总一起批。后来，"反右倾"运动进一步扩大化。但"反右倾"运动之初，文艺单位只是学习有关文件和精神，北昆的艺术工作并没有受到影响，还排演出了优秀的昆曲剧目《李慧娘》。演员在舞台上载歌载舞，水袖长舞，尤其是李慧娘的鬼戏，非常让人赏心悦目。但那时谁也没想到，《李慧娘》这部剧竟成了搞"文革"最早的突破对象之一。批判《李慧娘》等几部戏，成了"文革"的前奏。1963年，这出剧目被禁演。同年年底，毛泽东说："许多部门至今还是'死人'统治着。"

1962年，任均随丈夫王一达调到了沈阳，在辽宁青年实验戏曲剧院工作，正赶上"以阶级斗争为纲"的社会主义教育运动。那时候，一位教戏的老师——是位老艺人——找她谈话，想让领导知道他理解和支持这个运动。他真诚地说："任均同志，这个运动很有必要。这真是两条路线的斗争，是资产阶级和无产阶级的斗争，是一场你死我活的斗争！这回共产党可玩儿了命了！"

"文革"前，任均从沈阳调回北京，被安排到北京戏剧专科学校（现北京戏曲艺术职业学院）工作。到那儿没多久，"文革"就开始了。由于任均没有在这个单位的工作经历，所以给她贴的大字报、大标语只能都与她的家庭有关："请看任均的社会关系：日本特务孙泱、苏修特务孙维世、反动学术权威冯友兰……"大字报连地上都铺满了。

"文革"期间，父亲任芝铭病重。但单位已由进驻的"解放军毛泽东思想宣传队"（军宣队）接掌一切权力。军宣队以任芝铭问题严重为由，不批准任均去看父亲。一百岁的父亲临终前多次叫他最小的女儿："六妮儿，六妮儿……"带着对"文革"混乱的深深失望，带着看不到女儿的深深遗憾，父亲的生命走到了尽头。父亲去世后，军宣队仍不准许任均前往吊唁。她没能去送别父亲。

任均坚强乐观地走过了从大饥荒到"文革"的那个年代，走进了不再进行阶级斗争的时代，离休后得以安度晚年。

十三、《我这九十年》回忆历史

2010年，任均以九十高龄，出版口述回忆录《我这九十年》。书中记述了她的家庭、亲人、朋友和经历。因为她的叙述涉及了一些历史人物，因而该书引人注意。又因为她的叙述非常平实诚恳、实事求是，因此该书被认为是"私人记忆中对宏大历史的有益补充"，被誉为"当代人同类作品中的上乘之作"，受到广泛好评。

任均的外甥女、作家宗璞在为《我这九十年》所作的序言里说："这几年，我常常感到常识的重要。多年来，我们矫情悖理，做了多少荒唐事，现在总算明白了些，知道做事不能违背常识。六姨不是思想型的人，她久经锻炼，仍保持常识，不失常情常理，从无肃杀教条之气，实可珍贵。"

任均在前言中写道："在风风雨雨、磕磕绊绊中，我们和周围许多人一起，经历了艰苦生活、胜利喜悦，也经历了政治运动、人事变迁。现在，大部分朋友陆续故去了，大多数故事也不为人知了。但那许许多多事情，有的能显出人格品德，很有些道义真情；有的能翻出历史真相，可作为前车之鉴。"

有网友评论这本书说："真正的历史藏于民间。那些如雷贯耳的名字，在历史书上只是一些概念符号，在私人的记忆中才复活成为人。《我这九十年》无疑就是这样一部让板着面孔的历史人物变成有血有肉活生生身边亲友的私人记忆。"

还有读者撰文评说道："任均老人特殊的人生经历，为当代少见。她是著名辛亥革命元老任芝铭的小女儿。任芝铭公为前清举人，孙中山同盟会元老会员。共和，讨逆，举义，兴兵，民主，办学，抗日，参政，谏言……以天下为己任，不敢少息。一生忧国，一生奔走。这个大家庭里出了三个著名的成员：孙炳文，朱德的金兰挚友；冯友兰，泰斗级哲学大师；黄志烜，有名的矿业家。他们走的三条道路——革命、文化、实业，典型地概括了中国近代知识分子兴邦救国的道路。这部书，虽记录的是老人私人的经历、家人的往事，但由于老人有着特殊的人生际遇，这些如谈家常的往事提及了中国近现代史上一些重要的历史人物，是不可多得的珍贵史料，从一个特殊的角度，记录了中国近百年的历史。"

余世存评论说："《我这九十年》今天读完，真是值得祝贺。这本书可算是口述自传中的重要作品，人生百年之跌宕、权势之更移，都是可圈点的社会教育的好材料；长者之善通过细节表达得极好，不像时下流行的动不动要辩解什么或美化什么。"他在《任家：规矩和常识》一文里也评说道："任均老人的亲友中阶级成分之复杂几乎囊括尽了清末以来的中国社会，这样的人有无'强烈的痛感'绝非对历史谬托知己者所能揣度。……比如老人谈起自己儿时即最好的朋友、外甥女孙维世，那种沉痛、平静非一般人所能理解，然而老人仍这样说了：'现在的情况是，杀人的凶手，我想宽恕你们，不诅咒你们，但你们是谁？我想宽恕的，是谁？'"

刘苏里评说《我这九十年》道："作者任均，八十五岁高龄开始口述自己的一生，九十岁完成……属珍贵史料的故事，如潺潺流水，随传主思绪蔓延开来，到处闪光。"

学者邹蓝评《我这九十年》说："因为家族和工作的关系，传主个人的经历，跟一些政治和文化艺术名人有密切关联，而他们各自跌宕起伏的命运，则又跟风雨如晦鸡鸣不已的三四十年代以及多灾多难的六七十年代国运密切相连。这样一来，一个人一生的经历写成的一本个人与家族史的记述，就成了国家大史、正史的一个旁证和细节的补充。"

美国物理学家史砚华夫妇读完《我这九十年》后致信任均的儿子说："伯母的人生经历是一幅丰富的历史画卷。社会变迁、战争革命、理想事业、生离死别、友谊爱情……听着伯母娓娓道来，看到的是她乐观、勇敢、平静地面对人生的坎坎坷坷，起起伏伏；充满爱心，坦诚平等地对待周围的人；在经历了使人性、文化、思想不断受到冲击和改造的各种变革之后，老人始终持有着纯净、善良、真诚的心，自然、质朴、真实的人格让我们敬佩不已。"

（本文主要内容摘自任均口述、
王克明撰写《我这九十年》一书）

王克明

任均的三子，文化学者。1952年出生，曾在陕北插队十年。现主要从事陕北方言及民俗文化的历史继承性研究工作，任延安余家沟村建设顾问。著有《听见古代——陕北话里的文化遗产》，为家族撰写整理了《我这九十年》《任芝铭存稿》，主编《我们忏悔》。

无尽的才华，无尽的痛

——记静宜女中走出的艺术家孙维世

王津津

孙维世，曾用名李琳、任友梅，在苏联时名孙克英。1921年生人。于1935年8月至1936年6月在开封静宜女中读书。其父孙炳文是中共早期党员。孙维世少年时曾在上海学习话剧及电影表演，1938年到延安马列学院学习；1942年留学苏联，进入莫斯科东方大学，后考入莫斯科国立戏剧学院系统学习戏剧理论。1946年回国，参加土改和战地演出等。1950年新中国成立后，导演了多部非常有影响的话剧，成为第一个将外国古典戏剧搬上新中国舞台的导演；倡议并参与组建中央实验话剧院，为新中国培养了第一批导演、表演人才，是共和国戏剧事业当之无愧的奠基者。1968年在"文革"中蒙冤离世。

一、革命家庭

孙维世的父亲孙炳文是四川南溪县人，青年时代正逢中国从帝制崩溃转向追求共和的高潮时期。在资产阶级民主革命思潮影响下，他加入了同盟会。孙维世的母亲任锐，曾用名任纬坤，是著名反清义士任芝铭的女儿，河南新蔡人。武昌军兴，孙炳文被举为京津同盟会文牍部部长，一切宣言文件、往来函电都出自他手。民国成立后，同盟会办《民国报》，孙炳文是总编辑。任锐是《民国报》专设的《妇女专刊》的编辑。两人长期在一起工作，志同道合，后结为伴侣。

1913年，孙炳文参加的铁血团在北京东华门刺杀袁世凯的行动败露，遂被通缉。京津同盟会被迫解散。为躲避追捕，孙炳文从北京回到家乡南溪，办贫民夜校，教穷人念书识字，传授革命思想。

1916年，经友人介绍，孙炳文认识了同为南溪人的朱德。同怀忧国忧民之心，两人相见恨晚，遂结为金兰之交。应朱德之邀，孙炳文随后到朱德部任参谋。朱德曾经在自述中说："从1916年护国军时候，孙炳文就和我在一起，他给我的影响很大……"

1921年中国共产党成立。经历过清末革命至军阀混战的朱德和孙炳文，此时正感觉自己空怀一腔热血而无报国之门。1922年，一批来自中国的留学生在巴黎组建了中国共产党旅欧支部。这使朱德、孙炳文热血沸腾。他们赶赴德国，准备向中共旅欧支部负责人张申府提出入党申请。周恩来接待了他们。几番推心置腹的交谈，他们不怕牺牲的革命精神，为追随真理宁可抛弃已有的优裕生活和社会地位的志向与勇气，深深感动了周恩来。同年，周恩来介绍孙炳文和朱德加入了中国共产党。

1925年，孙炳文回到祖国，并很快介绍任锐加入了中国共产党。这一年北京发生了"三一八惨案"，当时孙炳文正在广州黄埔军校任职，而任锐因怀有身孕带着其他孩子留在北京。3月18日那天，任锐也参加了请愿游行，并被手持铁棍的军警打倒，受了伤。

孙炳文其后在黄埔军校当过政治总教官、国民革命军总政治部秘书长等。1927年4月6日，孙炳文接北伐军总政治部主任邓演达令，让他前往武汉，就任军事委员会总务兼军事厅厅长。4月10日，他们一家离穗赴港。12日，香港《大公报》披露了他去武汉任职的消息。13日，他们同广州国民革命军总司令部军医处处长褚民谊等人一同登上轮船，启程北行上海，准备走水路去武汉。此时，蒋介石已在上海发动反革命政变，但孙炳文和任锐一点儿都不知情。跟他们一起登船的褚民谊却早已秘密得到消息。16日抵达上海下船时，褚民谊引导巡捕将孙炳文拘捕。孙炳文不降不惧，4月20日英勇就义于上海龙华，时年四十三岁。

1927年7月，任锐在武汉写下《孙纬坤致中国国民党中央党部书》（婚后任锐改随夫姓）。随后，她走上街头，慷慨演说，愤怒谴责蒋介石屠杀共产党人的罪行。她坚信，任何靠杀戮维持强权统治的政权都不会长久。

之后，任锐一边为党做工作，一边抚养儿女，带着孙维世等几个孩子，开始了艰难的动荡生活。

1935年，任锐从开封带着她的妹妹任均和女儿孙维世去上海。原来，孙炳文有一个表兄在上海三友实业社工作。孙炳文遇害后，表兄安排人偷偷把孙炳文的遗骨埋葬在了一处叫"十四埔"的地方。此次任锐来上海，就是来取丈夫遗骨的。她把骨殖收殓到一个瓦罐里，带回开封。当时生活艰难的任锐没有钱，丈夫是四川人，而她却无力送他回归故土，便把他的遗骨埋到开封的四川义地。这样一是不用花钱，二是也感觉陪伴在丈夫身边，可以常去扫墓，寄托哀思。

之后，任锐到重庆八路军办事处工作，又到延安边区政府工作。那时，她的女儿孙维世已经在延安了。她们母女在抗日军政大学共同学习，在马列学院又是同学。母女同学，在延安传为佳话。

1949年4月10日，积劳成疾的任锐病逝。周恩来亲自题写墓碑：

> 任锐同志之墓
> 周恩来敬题
> 一九四九年八月立

二、走向延安

孙维世的童年和少年就是这样在动荡中度过的。

五岁时，她跟随父母住在广州。当时周恩来在广州领导党的地下工作，经常在孙炳文家开秘密会议。耳濡目染，她总是在大人开会的时候，自己趴在窗口往外看，如果有陌生人走近，她马上就告诉大人。有时候孙炳文和周恩来秘密接头，就抱着女儿孙维世，让孙维世看身后有没有可疑人跟踪他和"周爸爸"。他们坐下来谈话时，这个机灵的小姑娘就给他们放哨。所以，后来有人戏称孙维世1926年就参加革命了。

孙炳文壮烈牺牲后，任锐无力抚养五个孩子，只得忍痛将不满周岁的小女儿孙新世托付给她的大姐夫黄志烜抚养，改名为黄粤生；又把孙宁世（亦名孙泱，曾任朱德秘书、人民大学副校长，"文革"中被残酷迫害致死）、孙济世两个大的孩子托付给她的父母抚养。自己则带着孙维世和小儿子孙名世颠沛流离了近十个春秋。

1936年初，在上海做地下工作的任锐本来是想把自己十六岁的小妹妹任均和十五岁的女儿孙维世送进学校读书,但是看到她们喜欢看戏剧,也喜欢表演,就找地下党的人帮忙,把她俩化了名,送到中共领导的"左翼"剧联天一影片公司东方剧社学习表演。这样,她们两人的吃、住、行都解决了。她们班有十几个学生,请来的教师都大名鼎鼎,有著名导演万籁天,还有一些有名气的新文艺工作者,如崔嵬、王莹、左明等。

两三个月的课程很快就学完了。孙维世先是随母亲到北京,后又来到开封,上了一所教会学校——静宜女中。静宜女中是1932年由美国天主教会在河南创办的一所私立女子学校。在那里,孙维世感受到了人性的温暖。同时,学校严格正规的管理,将东方传统与西方教育相结合的办学理念,以及学养深厚的师资,都给孙维世的青春年华以浸染,塑造了她正直与执着的性格。

一年后,孙维世再次来到上海,得到地下党员夏衍、金山、章泯等人的鼓励与帮助。亭亭玉立的孙维世一方面学习话剧表演,一方面学习传统戏的表演,并开始登上舞台。她先是在"王先生"喜剧系列影片之一的《王先生奇侠传》中扮演角色,之后在夏衍改编的舞台剧《醉生梦死》中与当红影星舒绣文、吴茵、刘琼等合作。《醉生梦死》这部戏后来被改编成电影《摇钱树》。孙维世在戏中饰演一个市民家庭的小姐,令人印象深刻,显露了她的表演才华。此时,她在上海业余剧人协会剧社也结识了"左翼"文艺界名人赵丹、白杨等。

在上海的这段时间,孙维世受到了戏剧艺术的启蒙教育。对舞台表演的向往,像种子一样深深地植入了这个少女的心中。这个时期,她与一个名叫蓝苹的女人共事,接触不多,却为后来的悲剧命运埋下了伏笔。

1937年"卢沟桥事变"爆发,孙维世参加上海救亡演剧队,到各地演出抗日救亡戏剧。任锐此时考虑到自己重任在肩，孩子们也大了，让他们进入共产党阵营更有利于他们的成长。十六岁的孙维世听从母亲的建议，停止了自己的演艺生活，跟着哥哥从上海乘船前往当时的抗战指挥中心——武汉，找到了八路军驻武汉办事处。他们向办事处工作人员提出去延安参加抗日的请求。结果，哥哥孙宁世被留下，孙维世却因年龄小被拒绝了。在冬季的瑟瑟寒风中，刚直倔强的孙维世在办事处门前哭着不肯离开。正巧周恩来到办事处，他问这个女孩为什么哭，才得知她就是孙炳文的女儿，就是那个喊他"周爸爸"、为他们放哨的机灵小丫头！

　　孙维世就这样幸运地留在了办事处。不久，周恩来又接任锐到武汉，将她们母女一起送到延安。周恩来和邓颖超怀念孙炳文，将孙维世收为养女。孙维世进入延安抗日军政大学学习，接受了系统的党的教育，在这里加入了中国共产党。结业后，她进

孙维世30年代在开封

任锐（右一）、任均（右二）和孙维世（左一）30年代在开封铁塔下

20世纪30年代，孙维世（左）与舒绣文（右）在上海

入党校和马列学院学习，母亲任锐也和她同校学习。当时，人与人之间的称呼都是"某某同志"；由于孙维世喊任锐"妈妈"，大家也都随着喊任锐"妈妈同志"。

至1939年去苏联前，孙维世在延安呼吸着清新、自由的空气，快乐地成长着。

三、艺术人生

孙维世去苏联是很偶然的。那天，她和大家一起为即将去苏联治疗手臂骨折的周恩来送行。到机场后，她说她也想去。周恩来说那要请示毛主席批准。孙维世真就骑上马跑去见主席，毛主席真就给她签字同意了。孙维世立刻上了飞机。

孙维世的语言能力极强。到苏联后，她一方面帮着邓颖超在医院照顾周恩来，临时兼做周恩来的工作秘书；一方面在业余时间勤奋刻苦地学习俄语。几个月下来，她居然能用俄语和医生、护士对话了。1940年初，周恩来夫妇回国前郑重决定并报党中央同意，把孙维世留在苏联，像其他烈士子女一样，在苏联接受正规教育，以便日后成为新中国的栋梁之材。

孙维世首先被送进了培养革命干部的政治学校——莫斯科东方大学进行短期学习。课余时间，她和朋友们一起去列宁共产主义青年剧院、莫斯科艺术剧院等地方观看演出。那流畅动听的台词、美轮美奂的舞台布景，尤其是演员精湛、自然的表演，一次次打动着孙维世，重新唤起她心底对艺术的渴望。结业后，她考入了莫斯科国立戏剧学院。

在后来六年的学习生涯中，她经历了"二战"中艰苦卓绝的莫斯科保卫战。在最困难的时候，共产国际曾帮助把这一批中共烈士的子女撤退到安全的地方。1942年战局平稳后，他们又回到莫斯科继续学习。虽然处于战时，但戏剧学院仍严格按照教学大纲进行教学。孙维世的两位老师，一位获有"苏联人民艺术家"称号，一位获有"苏联功勋艺术家"称号，都深深地影响了她的美学思想与艺术观念。孙维世废寝忘食地阅读俄文版世界文学戏剧名著，刻苦钻研演艺技巧，用五年时间完成了表演系和导演系的全部课程。尤其是对于20世纪中叶世界戏剧舞台影响甚大的斯坦尼斯拉夫斯基（简称斯氏）演剧体系，孙维世更是重点进行学习、探究和实践。她是中国第一个研究斯氏现实主义演剧体系的专家，日后为中国的话剧事业做出了奠基性贡献。

1946年孙维世回到祖国，即被分配参加了陕、晋交界处的解放区土地改革运动，之后被调到华北联合大学文艺学院工作。1949年，她随中国青年代表团前往匈牙利布达佩斯参加世界青年代表大会。会议结束后，组织上让她赴莫斯科等待一项重要的政治任务，那就是为毛泽东访问苏联做翻译组长。毛泽东上火车

孙维世与邓颖超、周恩来在莫斯科合影

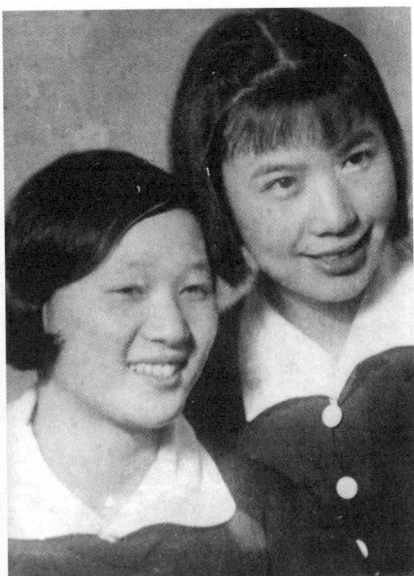
孙维世在苏联与瞿秋白的女儿瞿独伊（左）合影

孙维世在苏联与林彪前妻张梅（左）合影

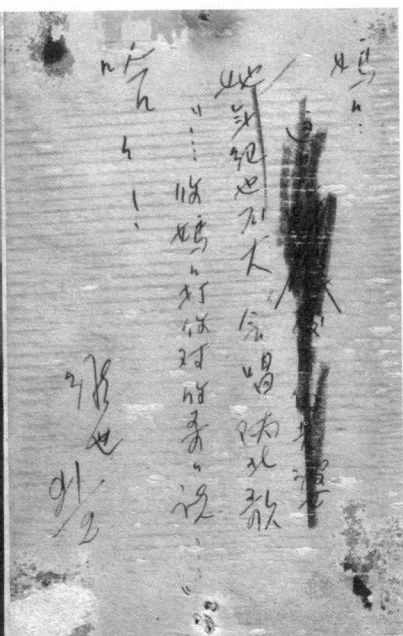

时，孙维世已在苏联候命。精通俄语的孙维世，与毛泽东的翻译师哲一起，在斯大林与毛泽东的谈判中，在与苏共多方面的沟通中，工作出色，受到毛泽东和周恩来的表扬。

孙维世真正走上艺术人生之路，并建设起话剧的艺术殿堂，是在新中国成立以后。新中国最早建立的专业话剧院——中国青年艺术剧院，是1950年在团中央领导下组建的，当时的团中央书记处书记廖承志兼任该院院长。廖承志既是一位有资历的革命家，又是有着丰富艺术素养的人。他求贤若渴，亲自邀请刚回国的孙维世担任青年艺术剧院的导演。

这时的孙维世很清楚，战争年代所从事的文艺演出，多是以宣传、动员为目的的街头艺术；新中国成立后，国家将有条件逐步发展剧场艺术，使演出更具艺术欣赏价值，更能带给观众涤荡心灵的艺术审美。当时话剧院的同人也非常期盼孙维世能够带领大家走上艺术演出专业化之路。

1950年3月，中国青年艺术剧院开始排演根据苏联小说《钢铁是怎样炼成的》改编的话剧《保尔·柯察金》。这出在当时来说难度很大的话剧云集了国内一批有名的演员，他们有的来自国统区大城市，有的来自根据地延安，经历不同，情趣各异。作为一名缺少经验的青年女导演，她能否驾驭？

从排演一开始，孙维世就带领演员严格按照斯坦尼斯拉夫斯基体系（简称斯氏体系）的方法，做前期的案头工作，即研究资料、分析剧本、写角色自传。这段前期工作，占去整个排演三分之一的时间。一开始有些人不适应，但是大家都渴望掌握斯氏体系的表演方法，以提高表演专业性，所以劲头都很足。

在今天已经视为平常的写角色自传，在当时却是个新鲜事物。孙维世要求演员详细研究自己饰演的角色与舞台其他角色的关系；要求演员在研究材料的过程中内心呈现出角色的轮廓——

经历、爱好、所处环境、生活习惯等；要求演员把这种感觉根据自己收集与研究的资料，通过想象，具体地用文字表现出来。孙维世说："要用文字表现出演员的研究工作与想象，会使演员感到一些困难的，但是在克服困难的过程中，演员就更深一步地了解了角色……"

这部话剧上演后，轰动京城，有人为了买到票，甚至带着铺盖卷连夜排队。首次公演落幕时，观众席上"保尔！保尔！"的高呼声激动人心。这是中国人第一次规范地、规模地运用斯氏体系排演的一部话剧，证明了孙维世运用斯氏体系的成功。

1952年为纪念俄罗斯19世纪初批判现实主义文学的奠基人果戈理，中国青年艺术剧院与北京人民艺术剧院联合排演了果戈理的戏剧《钦差大臣》。许多当时的知名演员都参与其中，如于村、刁光覃、蓝天野、叶子、朱琳等，孙维世一视同仁，要求每个演员都要写角色自传，细致到上场前、下场后这个角色在干些什么。孙维世认为斯氏体系中的这一环节，对演员创造角色时呈现真实感非常有用。

原中国青年艺术剧院的著名话剧表演艺术家雷平生前回忆过排演《钦差大臣》的一点往事：

> 我扮演的玛利亚，在剧中戏很多，但台词却不多，有的场面甚至没有一句台词。而维世同志却特别重视这些没有台词的戏，要我把没有台词时的内心活动都给写下来。排演当中她经常问我："玛利亚，你这个时候在想什么？"由于我做了充分的案头工作，所以都能回答上来。有时自己想的内容不够合理，她就启发我如何去充实内容。比如假钦差大臣吹牛那场戏，我简直就没有一句话，整场戏一直坐在那里听。维世同志耐心启发我"不要着急"，首先要求我真实地

听，"你看这位从彼得堡来的大官，年轻漂亮，又是作家，还经常和许多公爵的小姐跳舞，你听得入了迷。因为你是一个小县城的县长女儿，没见过大世面，你能不羡慕彼得堡的生活吗？而且他还瞟了你一眼，你很自然地受宠若惊，这时你才会有真实的反应，你的表情上、形体上也就有所活动了"。我理解了，虽然是没有台词的戏，也一样同其他角色交流，因为此时演员的心是浸泡在角色中的。

由于维世同志待人亲切，对演员又一视同仁，在艺术创作上严格要求，一丝不苟，在创作过程中循循善诱，所以在排演场中总是充满着和谐、团结的气氛。每个演员都说，和维世同志合作排戏，非常愉快，从各个方面都能学习到很多东西。[1]

杨宗镜曾在访谈中提及：

孙维世常说，排练场就是圣殿，大家要维护它，保持非常好的创作气氛。跟着孙维世排戏，大家进排练场都是蹑手蹑脚地走，没有人在底下说话，甚至连咳嗽的都没有。所有演员一进场，就是全身心投入，每个人都在揣摩自己的角色，寻找正确的形体自我感觉，此时演员的创作欲望呼之欲出。

她生性坦直，言谈犀利，颇具锋芒。在她的排练场上，演员不分男女老少，不分功成名就者或普通一兵，一律平等对待。进她的排练场，既兴奋又忐忑，在她的调教下总能获得宝贵的启迪。但是谁的表演瑕疵一旦被她抓住，那就倒霉了。她尤其擅长模仿，通过她的复制，瑕疵被讽刺性

---

〔1〕 摘自中国国家话剧院编著《唯有赤子心》中雷平文章《演喜剧尤其要真实》。

地夸张和放大，旁观者为之捧腹，当事人则啼笑皆非。这种把病菌放在显微镜下展示的效果，使病人毛骨悚然而后再也不敢沾染。所以在她面前被出洋相多多的人，也是收获大大的人。她的尖锐咄咄逼人使人敬畏，她的豁达大度也使人敢于放肆。[1]

曾任中国青年艺术剧院院长的石维坚说："从善如流，宽宏大量，孙维世是导演中最突出的一位。"

孙维世排戏就是要求你每天带着新东西进场，不能空着手等导演来喂你。她排戏的时候精神非常专注，脸上的表情千变万化，揪着头发的有，严肃的也有。她是一个性情中人，经常爆发出哈哈大笑。排戏时，演员有时也给她提意见，她对意见都是鼓掌欢迎，并说"大伙静一静，某某，你把刚才的意见再给大伙说一遍，就按照他的意见再排一遍"。这时她已经把这些意见升华了。[2]

1954年，中国青年艺术剧院连续排演19世纪末俄罗斯最后一位伟大的批判现实主义作家契诃夫的作品《求婚》和《万尼亚舅舅》。《求婚》精准地体现出这位情趣隽永、文笔犀利的幽默讽刺大师的风格。但是此剧排出来进行汇报演出时，谁也没有想到，这么一部人所共知的喜剧，观众从头到尾静悄悄地，没有一点笑声。喜剧演成了正剧，他们只好推倒重来。

按照斯氏体系的思路，孙维世带着剧组一起重温并检查他们

---

〔1〕 摘自中国国家话剧院编著《唯有赤子心》之《杨宗镜访谈》。
〔2〕 摘自中国国家话剧院编著《唯有赤子心》之《石维坚访谈》。

之前的创作过程，发现关键是对剧本缺乏专业的研究，概念化地认为主题是揭露地主阶级的自私、愚昧。而这到底是一个怎样的地主并不明晰。孙维世要演员明确这个地主的生活环境、性格特征、日常所思所想等。剧中主角——地主的女儿娜塔莉亚，是由当年青艺的著名演员金淑之来扮演的。她当时心目中的地主小姐形象就是娇生惯养，讲究吃穿，说话娇声娇气，身着拖地长裙。孙维世带领大家重新做案头工作，找来大量的资料，对剧本和人物再做分析。这次娜塔莉亚从内到外的面貌，清楚地出现在金淑之脑子里了——她家是破落小地主，她帮助爸爸持家，爱财如命，处处提防别人占她家便宜；由于操持全家事务，性格骄横，稍不如意便撒泼耍赖。金淑之对角色的理解，孙维世非常满意。

在案头工作中，孙维世还要求演员分析台词，明确台词的内容和台词的动作性，理解之后再去熟记。坐下来对台词时，她要求演员要对出人物的思想感情，在对词中逐渐深入人物的规定情境，逐渐产生想动作起来的冲动，这时才开始走进排演场。在说台词时她经常提醒演员：不要拿腔拿调，有"调子"就落套了，"落套的东西总散发着俗气，俗气和美感是糅不到一起的"。

在排戏过程中，孙维世经常问演员"为什么这样""为什么那样"，启发演员不得不去思考、去充实角色的内心活动，这样演员就可以带戏上场。而且不论是第一次出场，还是幕间上场，都有个上场前的幕后间隙，孙维世要求演员必须把这些间隙填满：思考上场之前这个角色在干什么，在想什么，以便流畅地连接上场时的语言和动作。

金淑之生前有一段很有意思的排练回忆：

我惦记着不要下雨，我要收粮食；我惦记着粮食涨价的时候拉到市场去卖；我惦记着卖了钱再买些能赚钱的货存起来；我惦记着有钱就会有人来向我求婚……正盘算着，爸爸跑来跟我说"有个商人来买货"，我想一定是个大买主，兴致勃勃跑出去，一看，原来是他——伊凡！心想："他也做起生意来了？"上下打量，好神气呀，还穿着大礼服哪！"他发财了？"我带着角色这样的内心活动上场，观察伊凡。维世导演说："好！拿稳着点，看准着点。"我继续观察，心说："看样子这家伙来意不善，我可不能疏忽大意，在他面前吃了亏……"维世同志这时说："好！内心节奏要加快。"她要我一边用手指敲打着桌子，一边用眼睛盯着他，捉摸他，看他要干什么……

从幕后带戏上场，非常流畅。

维世导演的一个显著特点，就是特别重视挖掘台词外的东西。她要求演员必须设想具体的内心独白，必须找出具体的潜台词。只有这些内心的东西充实了、具体了，人物语言的动作性才能积极有力，表达的思想感情才能真实。

伊凡被我骂走之后，爸爸过来告诉我"那伊凡是来求婚的"。过去演到这里，是消极处理，听到"求婚"二字，晕倒了事。但维世导演要求此时要积极处理，听到求婚感觉兴奋、甜蜜，不停地念叨："向我求婚吗？为什么不早告诉我？"于是产生要把伊凡追回来的念头。"对！叫你爸爸去追！"维世导演说，"但是你爸爸不动，你拿什么惯用手法对付你爸爸？"我想我的惯用手法就是撒泼耍赖，维世导演立即说："好！来吧！"我一下子就坐在椅子上大哭大叫，果然把爸爸吓了一跳："我这就去。"

这个在维世导演启发下产生的动作，得到维世同志的大大肯定。人物形象不同了，整个戏的调子也不同了，有了明快的节奏，有了鲜明的喜剧色彩。等到再进行汇报演出的时候，台下一片笑声，而且通常是哄堂大笑。大家说："这才是契诃夫的喜剧呢！"[1]

　　孙维世排戏有一个特点，就是让演员自己报他想演的角色。她常常告诫演员：演员应当了解自己不是万能的，千万不要去要求演不适合自己的角色，其结果会把自己出卖了。导演分配角色是一门艺术，角色一定要适合演员的性格才好，不然的话就毁了演员。

　　如今以演《济公》而闻名的国家一级演员游本昌，当年毕业后来到话剧院刚刚三年，也就是1959年，剧院开始排演《一仆二主》。这部戏是孙维世翻译的，语言精练、准确，富有性格和喜剧性，演员读来朗朗上口，行动性强。导演孙维世按自己的老规矩鼓励大家自报角色，还鼓励大家推荐演员。她给大家一个概念，即谁适合演什么角色才演什么角色，剧院不会任人唯亲。这种公正的气氛极大地调动了演员的积极性。初出茅庐的游本昌怀着激动而又忐忑的心情，自报要演戏中主角，居然被批准了！游本昌积极向老演员学习，做足了前期案头工作，查找资料，揣摩角色，获得总导演孙维世的赞赏。孙维世认为他创造的这个角色既保持了剧本原有的特色，也体现了游本昌个人的特色。游本昌为此荣获了文化部表演一等奖。

　　同年剧院排演俄国19世纪最伟大的写实主义剧作家奥斯特洛夫斯基的代表作《大雷雨》。奥氏是沙皇时期有名的剧作家，多刻画商人阶层，他写的《破产者》揭露了莫斯科商人的假破产事件，因而惹出是非，被解除公职。他的《大雷雨》于1859年在

---

[1]　摘自中国国家话剧院编著《唯有赤子心》中金淑之文章《〈求婚〉恢复了喜剧面貌》。

莫斯科公演。

孙维世在排演这出戏的时候，重点不再是烘托某个主角的辉煌，她认为这么多年来全院与斯氏体系磨合得已差不多了，她要使斯氏体系的理想逐一实现，即剧中没有小角色，只有小演员。她强烈灌输这一思想。她要求演员在创造角色时，必须在自己身上找到角色的种子，让角色在自己身上生长。她引用斯氏的话："一切扮演形象、扮演性格与抄写外形的现象都是恶劣的现象。"《大雷雨》的群众角色成为亮点，一个仆人、一个市民难以置信地共同在舞台上放出了光芒。

在排演这出戏时，孙维世一开始给游本昌分配的是一个有名有姓有台词的角色，但是游本昌看过剧本后，对一个无名无姓无台词的仆人角色很感兴趣，于是他就报了这个角色。孙维世答复他说，她相信他报演这个角色，肯定是有他自己的想法，她接受。这个角色在这出戏里是个跑龙套的，但是游本昌就像对待演主角一样，通读了奥斯特洛夫斯基19个不同剧作的中译本，大量参考了那个时代的油画作品、小说和评论文章。最后这个角色被他塑造成了一个经典的龙套形象，得到孙维世高度认可。

当时全剧组的演员都是这样努力，专心致志，朝气蓬勃。一位来自苏联的戏剧专家看了《大雷雨》后评价说有一种置身于莫斯科艺术剧院的感觉，认为剧组演出了自己的高水准，说明这个剧院的创作气氛是很浓的。回忆起跟随孙维世导演排戏的情景，已八十多岁的游本昌由衷地说：

> 在孙维世的排练厅里，我特别认真地听取她的意见，我很听斯坦尼斯拉夫斯基的话，跑了两年龙套，演了两年群众角色，深受其益。我们尊敬维世热爱维世，同时我们

也从她身上感觉到她对我们的真心喜爱……她是很纯洁、很透明的艺术家；按照她的教导去做，我们把艺术生命交给她，很放心。那段共处的日子是永远美好的记忆，我们永远感恩于她。[1]

1956年9月，在孙维世的提议下，文化部组建了中央实验话剧院。首任院长是著名戏剧家和教育家欧阳予倩，孙维世担任副院长兼总导演。

作为话剧界公认的斯坦尼斯拉夫斯基演剧体系的权威，孙维世在国内舞台的实践中不断学习中国戏剧艺术。在她看来，话剧在新中国成立之前以宣传为主，新中国成立后则归为戏剧审美艺术；而中国传统的戏剧艺术极为丰富，如果话剧舞台仅用斯坦尼斯拉夫斯基表演体系是不够的。她认为如果能在话剧表演中融入中国传统艺术表演手段，将会大大提升中国话剧的艺术魅力。

当时实验话剧院的成员，一部分已经是著名演员或剧团骨干，另一部分是来自上海的优秀青年演员。这些人既懂斯氏体系，也熟悉中国戏剧。孙维世在这个基础上进行话剧实验。她博学多才，视野辽阔，在实验话剧院的十年，不仅使中国戏剧大师欧阳予倩、郭沫若、曹禺、阳翰笙、陈白尘等的力作在舞台上大放光芒，也使外国文学巨匠高尔基、奥斯特洛夫斯基、契诃夫、歌德、莎士比亚等人的名著名剧征服了中国观众。排演的剧目不但有正剧、悲剧，还有喜剧。孙维世博采众长，自成一家，既借鉴国外又吸收民间，以各种不同的风格、流派、体裁、形式，绘制成新中国的话剧剧目长卷，形成了鲜明的富有实验特色的剧院艺术风格。

---

[1] 摘自中国国家话剧院编著《唯有赤子心》之《游本昌访谈》。

如此富有才华的孙维世，在婚姻生活上又是专一而且有担当的。她的丈夫金山是中共老地下党员，颇有资历，才华横溢。在他们婚后不久，抗美援朝开始，金山为一个创作任务到了朝鲜，却同接待他们的朝鲜劳动党总书记金日成的女秘书发生恋情并同居。金日成知道后一怒之下处理了女秘书。中国人民志愿军司令员彭德怀听说后也非常恼火，发电报请示中央。周恩来回电彭德怀"将金山押回国内处理"。紧接着，有关领导找孙维世谈话，希望她能站在革命的立场上，与金山划清界限。金山被押回北京，磊落的孙维世没有流眼泪，也没有吵闹，而是告诉金山，现在不是考虑个人关系的时候，首先是要接受组织的处理。

在中国青年艺术剧院组织的批判金山的会上，人们把目光投向了默默坐在一边的孙维世，希望她能上台表态和金山做个了断。孙维世缓缓走到台前说："同志们要我表个态，也许最简单的两个字就是离婚。可是我不能表这个态，因为金山不单单是我的丈夫，他还是一个老党员；他犯了错误，在这个时候，我首先要拉他一把，让他重新站起来。我相信，金山将是最后一次犯这样的错误。"

金山后来下放工厂劳动。孙维世对他不离不弃，尽管作为一个女人，她心里一定会有许多无法对人言说的苦。正是由于孙维世的担当和宽容，金山走出了低迷和绝望，在艺术道路上又站了起来。他在话剧和电影《红色风暴》中塑造了施洋大律师的形象，在话剧《万尼亚舅舅》中塑造了万尼亚等令人难忘的舞台形象。

孙维世曾任第一、二、三届中国人民政治协商会议全国委员会委员，中国戏剧家协会理事。在大家心目中，她工作时严肃认真，不讲情面，一丝不苟；生活中热情奔放，坦诚透明，不拘小节。她走到哪里，哪里就是一团热情。她因留学苏联多年，经常爱以"亲爱的"称呼他人，结果在她的影响下，全院上下都乐于以"亲爱的"相称；连不苟言笑的人事干部，都操着浓重的革命老区方言与之呼应，充满着温馨和快乐。

她从不掩饰自己的喜怒哀乐，直率之极，透明之至，近乎童心。著名的演员蓝天野老是记得孙维世和他聊起过的可笑的事：在苏联卫国战争时期，她和其他苏联学生一起参加义务劳动，在一个制糖厂做糖果。糖厂规定，在车间里，糖随便吃，但是不许带出去。孙维世说："我和同学们都拼命吃，可只吃了半天，就再也不想吃了。"蓝天野说，这就是我印象里的孙维世，她永远那么乐观，那么开朗！

同样，著名的演员雷恪生这样评价孙维世："维世这样的艺术家是空前绝后的，从不争名夺利，全身心地为了艺术。而她在生活上却大大咧咧。我听说她到大会堂参加宴会，都能把鞋穿错了；在商店买的地灯，居然放了一年多才想起来去取……维世跟小孩似的，你看那照片她笑得多开朗啊！她对人的真诚是透明的，她心里怎么想的你都能看得到。艺术家的心就应该是透明的，维世不愧为艺术大家！"

四、无尽的痛

1964年，文艺界已经开始刮起了"为政治服务"的"左"倾思潮。就是在这种情况下，尽管孙维世有些困惑不解，但她对生活、对工作永远都是热情的、积极的。她响应号召，来到大庆体验生活，并且把女儿小兰和丈夫金山都带到大庆，表示扎根工农群众的决心。她在铁人王进喜所在的钻井队，和工人一块劳动、生活，创作并导演出了反映大庆人艰苦创业的话剧《初升的太阳》。她用的演员就是大庆的职工家属。她和金山亲自挑选演员，在排练场上对这些初登舞台的业余演员不厌其烦地逐个指导。她努力探讨符合民族审美习惯的艺术形式，大胆运用虚实结合的表现手法，使这个主题表面化的戏依然打动人心，获得了极好的剧场效果。文化部决定由长春电影制片厂将之改编成电影。

孙维世就是这样，在什么样的局面中，她都能开辟出自己的天地。

1966年6月，正当她着手投入改编电影剧本的时候，实验话剧院拍来电报，要求她立即回北京参加"文革"。她向有关人员安排好下一步的工作后，匆匆只身离开大庆。谁能想到，这样一个才华横溢的艺术大家，这样一个人们眼中奔放而又单纯刚直的"红色公主"，在紧随到来的血雨腥风中，悲惨地离开了这个世界。

"文革"初期，大字报开始铺天盖地，讨伐的矛头对着享有盛名的劳动模范，对着一切有成就的艺术家、科学家，对着身居要职的老一辈革命者。社会黑白颠倒，浊浪滔滔。

在一片"横扫"声中，今天来一批"外调"人员，找她交代大庆铁人王进喜的"反党罪行"；明天来一批人，要她说出总政治部主任萧华的"反对毛主席言论"；过几天又来一拨人，让她证明外交部长陈毅是"反对无产阶级司令部"的；再过些天又有什么人来，直接说解放军总司令朱德是"大军阀"，要她说清她们一家和朱德的关系，揭发朱德的"反对毛主席的罪行"……更令她感到骇人听闻的是，北京长安街上出现了污蔑周恩来总理的大字报，然后就有"外调人员"闯入她家，逼她交代有关周总理的情况。

面对气势汹汹的一拨拨"外调人员"，孙维世通常一言不发、沉默以待；但是当她听到那些对革命长辈肆无忌惮的污蔑时，她实在忍无可忍，开始厉声反驳。朱德和周总理是父亲的挚交，为了今天的江山，父辈们抛头颅、洒热血，为什么到现在反而成为批斗的对象？

那是1966年冬天的一个晚上，已经失去行动自由的孙维世悄悄来到她的六姨任均家。她告诉任均，她已经被打倒，成了反动艺术权威，每天都在刷盘子洗碗。她不无忧虑地对任均说："六姨呀，江青怎么能出来参政了呢？她出来对大家非常不利，我知道她在上海的事儿太多了，而且她知道我讨厌她。她非整我不行，我知道她的事儿太多了……"

孙维世的担忧毫不过分。1968年初春，江青听说上海的红卫兵搞到不少材料，涉及自己30年代在上海一些生活作风方面的事。她气急败坏，要求部队派人把这些材料迅速收回送往北京，而且把搞这些材料的人统统抓起来。紧接着，30年代的那些明星，郑君里、赵丹、王莹、章泯、金山……无论此时是在北京、上海，还是在什么偏远的地方，统统遭到"抄家"，抄走了一切与30年代相关的资料，然后被抓进监狱。这些人心里都明白，这样的遭遇是因为自己太了解江青当年在上海十里洋场的那些劣迹了。

孙维世心里明白，她知道江青底细，而且不喜欢江青，江青对此既知且恨。江青30年代在上海滩因婚变闹得满城风雨，孙维世觉得她们不是一类人，故很少与之交往。到延安后，江青成了主席夫人，孙维世也没有想过要刻意搞好和她的关系。新中国成立初期，孙维世在苏联为毛泽东做翻译，回国后江青几次找她询问主席出国的事情，不谙世事的她并未给予热情的回应。当孙维世的导演才能被举世公认，而江青又获毛泽东授意"占领文艺阵地"时，江青想利用孙维世的才华和在文艺界的影响。她两次去找孙维世，但是此时的孙维世恐怕已经不单单是对其个人印象的问题了，她感觉到，在艺术的见解上，她们已经很不同了。她或沉默，或托词避开。

谁也无法想象嫉恨会带来怎样的负面能量？更何况，这或许不是来自一个人的嫉恨，也不仅是对一个人的嫉恨。……在权力者为所欲为的那个疯狂年代，多少无辜的生命惨遭践踏！

后来人们得知，孙维世死得非常惨烈。她从一关进监狱，就被定为"关死对象"。她不屈服任何淫威，刚烈不阿，受尽了肉体上和精神上的种种折磨，至死不低一下头。死后手上还戴着手铐，尸体惨不忍睹；遗体被迅速火化，未留一点骨灰。

至今，孙维世到底是怎么被抓进监狱的？在监狱里受到了怎样的蹂躏和酷刑？又到底是怎样死的？致孙维世于死地之背后的力量到底是什么？这一个个血写成的问号，期待着人们有一天去揭开历史的真相。

才华横溢的孙维世，没有活在能够穷尽她毕生才华的时代。然而，她爽朗的笑声会永远伴随着我们，她的真诚和才华将永远留在这个世界上。

【参考资料】

1. 中国国家话剧院编著：《唯有赤子心》，新华出版社2012年版。

2. 任均口述，王克明撰写：《我这九十年》，华文出版社2010年版。

王津津

任均之女，孙维世的表妹。1950年出生，曾在北大荒度过十年知青生活，在《中国妇女》等报刊任编辑、记者十余年。90年代初赴深圳创办企业。近年从事公益事业，现任广东省"干禾"社区公益基金会副理事长。

我的妈妈席佩兰（李野）

张　弦

李野，原名席佩兰，河南汲县人。1937年就读静宜女中。1938年1月参加革命，同年4月加入中国共产党，先后在陕西安吴堡青训班、延安抗大四期学习，后在新四军五师工作，任师政治部《挺进报》和《襄河报》编辑。1947年起先后任《东北日报》编辑、《北京日报》副总编辑、人民出版社副总编辑，1977年调至中共中央宣传部新闻局工作。离休后担任《中国大百科全书·新闻出版卷》《当代中国·新闻出版卷》等的编委。

一、走上革命道路

1938年1月，河南汲县，一个寒冷的清晨，三个女孩子蹑手蹑脚地从屋里出来。就要跨出大门时，一个女孩子突然返身，跑到窗下朗声告别："我们走啦，不实现共产主义就不回来了！"待家人惊醒，她们已经一溜烟儿不见踪影了。

这个返身告别的女孩子，就是我的妈妈席佩兰。一个多月前，她刚过了十五岁生日，是三人中年纪最小的。那天早上，她和二姐席瑞兰还有好友樊镜修一起，义无反顾地离开了家，走上了革命的道路。

妈妈的家庭是书香门第。听妈妈说，她的祖籍在苏州洞庭东山。父亲、大哥、大姐都是教师。受家庭影响，妈妈从小喜爱读书，经常抱着一本书沉浸其中。妈妈离家之前，在开封静宜女中读高中。其时，他的大哥席光宇已经是河南大学化学系的老师了，自然地担起了照顾两个妹妹的责任，还包了一辆黄包车接送她们上下学。妈妈直到晚年，还时常念叨起大哥大嫂，说和他们最亲近，大嫂对她特别好。

妈妈离家出走那么早，却有着扎实的文化功底和高尚的品格修养。特别是她在谈话中不时说出的一两句英语，更是令我惊讶。对此多年来我时有纳闷，却没有专门问过她，她也没有说过。妈妈去世后，在整理她的相关资料中，我发现妈妈前后上的两所中学都以教学质量高而闻名全省：初中在河南省立汲县初级中学就读，高中则在开封静宜女中就读。据载，河南省立汲县初级中学（现为卫辉市第一中学）"民国时期，学校教师队伍素质高，教学质量在全省名列前茅"[1]。静宜女中当时也"因教学质量高而闻名全省"[2]。正是这两所学校，以其正规的教育、严谨的学风，培养了妈妈良好的品格，给妈妈打下了扎实的文化基础。

其中，静宜女中由美籍修女盖夏嬷嬷1932年创立于河南开封，"静宜"二字取自其中文名字"陆静宜"。盖夏嬷嬷于1906年加入美国印第安纳州圣玛利森林的主顾修女会；1920年，初次抵华传教，并开始她的教育生涯；1921年创办华美女学校，

---

〔1〕 见http://gaokao.chsi.com.cn/zx/sch/zxgkinfo.action?id=178406006。
〔2〕 见http://baike.baidu.com/link?url=9AqjkylQwE9FhTe9obrS1226K-oBt6Au2fXfX62EDJGycDi2osSeXOF1n7Z_vyeNPzu8bYjgJNSrUzA9tWDlFa。

设初中和小学两部；1932年于河南开封创办静宜女中。[1]

开封在历史上曾是帝王之都，教育事业有过非常兴盛的时期，辛亥革命以后这里的私立中学达五十多所，静宜女中就是其中之一。静宜女中在创办之初就定位很高，当时学风严谨，算是开封有名的贵族学校，使用英语讲课。

1937年，中日战争爆发，开封所有学校均因战争被迫关闭。静宜女中的校园也被辟为临时的难民收容所。受到革命思想的影响（妈妈曾说受到学校一位可能是地下党员的李姓老师的影响和启发），怀揣一颗抗日救国、追求光明的心，妈妈离开了学校，离开了家，投身到抗日的滚滚洪流之中。

妈妈先到陕西安吴堡青年训练班学习了三个月，接受革命的洗礼。她自己曾如此撰写简历："1938年1月参加革命，先后在陕西安吴堡冯文彬、胡乔木领导的青年训练班及延安抗日军政大学四期学习。"

"在抗战的日子里，地处泾阳县的安吴堡青训班，总共培训了一万两千多名爱国青年并将他们输送到各个抗日战场，在中国抗战史上留下了辉煌的一页。……从第四期开始，青训班搬到了云阳北约五里的安吴堡。中共中央先后从抗大、中央党校选派了一批经过长征的干部和具有一定文化理论水平的干部作为骨干力量，加强青训班工作。1938年1月，胡乔木担任了青训班副主任。安吴堡青年训练班自1937年10月创办到1940年4月撤离，不到三年的时间里，共开办过14期，组编了127个连（队），培训了一万两千余名学员，被誉为'抗日青年的熔炉，青运史上的丰碑'，为青年运动史谱就了光辉的篇章。"[2]

---

[1] 见 http://baike.baidu.com/link?url=9AqjkylQwE9FhTe9obrS1226K-oBt6Au2fXfX62EDJGycDi2osSeXOF1n7Z_vyeNPzu8bYjgJNSrUzA9tWDlFa。

[2] 见 travel.mipang.com/bible/135816。

1937年静宜女中读书时期的席佩兰　　席佩兰静宜女中时期的学籍表

妈妈说过，她对胡乔木在青训班的讲课记忆犹新，印象非常深刻。

二、黄河之滨，集合着一群中华民族优秀的子孙

在中国共产党领导的抗日救亡运动高潮的推动下，大批优秀的知识青年放弃优越的生活条件，冒着生命危险，冲破日寇和国民党顽固派的层层封锁，千里迢迢赶赴抗大寻求抗日救国的真理，探索抗日民族解放之道路。

妈妈就是其中一员。她的家庭虽算不上富裕，但也能保持在中上等的生活水平。在五个兄弟姊妹中，妈妈最小，更是被哥哥姐姐们呵护照顾，衣食无忧。我时不时地思索：妈妈如果不离家出走，则会继续读书，接受完整的教育，将来也会是个称职的老

师吧？而投身革命，从此前途未卜，颠沛流离，伤病死亡随时伴随，是什么原因使她毅然决然地离开温暖的小窝，奔向未知的、荆棘丛生的前途？答案是明确的，那就是抗日的大潮，是革命的信仰，是一颗追求光明、追求真理的年轻的、火热的心。

经过青年训练班三个月的学习之后，妈妈来到了延安，来到了千千万万中华优秀儿女向往的革命圣地。

在延安，妈妈进入抗大四期二大队五队学习。第四期是抗大发展的黄金时期（1938年4月—12月），学员达到5562名，女生也达到了654人。[1]党中央也对这期学员投入了更多的关注。"继续努力以求贯彻——给抗大第四期毕业同学""学好本领好上前线去"等题词，都是毛泽东题写给第四期学员的。

1938年4月，十六岁的妈妈在抗大加入了中国共产党。

关于抗大，妈妈所说不多，但无疑在抗大的几个月，妈妈度过了快乐而紧张的日子，尽情沐浴着革命的阳光，呼吸着健康的清新空气。妈妈曾说过对罗瑞卿的印象："他打仗受过伤，子弹从脸颊穿过（妈妈抬起手比画着，食指指着面颊），所以说话很吃力。"说完，妈妈又学罗瑞卿讲话的样子，嘴张不开，但努力咬字发音，虽不容易听清，但语气铿锵有力。妈妈还说起，那时在延安见毛主席犹如家常便饭。听毛主席讲课、参加集会、看文艺演出，大家都能见到毛主席。那时毛主席还没有和江青结婚，但全延安都知道他们在谈恋爱。每当江青在台上演戏，毛主席一到，大家就起哄，一起有节奏地大喊："毛主席！毛主席！"毛主席则开心地和大家打招呼。真是一帮不懂事的毛头小伙子和姑

---

[1] 见 http://baike.baidu.com/link?url=OYLH5vbuLTcbTndWrOtE0DjYojPx3ldkXZ4RenCerjNa4q
MvcGfIKqUEfEokUYvghZsgOTSZoa_lgoifNed81UzetNvAEq34NQr9QfGaOGptB0pGKK82t
4PzOryZWMC4COoVRQv16zzBRVmAjRpx_qwUZn7Jis1qD9AADTLadW59lTs3YNzV2awk
kzUuy2Lb18OJsxsd4iKCuijYRi6GerUBdcq1z02g。

娘们！这也足见延安时期的官兵关系、党群关系是多么融洽。妈妈也曾得到毛主席等中央领导人的签名，但签名本在后来的一次急行军中掉到水塘里了，正值深夜，又在赶路，无法打捞也不允许停下来打捞，签名本就这样丢失了。

抗大毕业后，妈妈的愿望是到鲁艺文学系上学，毕竟她有些文字功底，也很向往文学写作。但是党组织要求她上前线，说前方吃紧，急需干部。妈妈二话没说就上了前线。但我能感觉到，想从事文学这个愿望伴随了她的一生。

1992年9月19日，妈妈近七十岁了。她回到了阔别五十五年的延安，在抗大门口留影。妈妈在照片背面留下字迹："五十五年后重访抗大，旧迹已难寻，只有一块牌牌说明而已。"妈妈告诉我，这里完全找不到当年的痕迹了。她的言语间透出一丝惋惜，眼神中透出无限怅惘。

三、中原女战士

这一段经历，妈妈在自己撰写的简历中总结道："1938年9月至新四军五师工作，历任光明话剧团党支部书记、师政治部文工队员、团宣传股长、师政治部《挺进报》编辑、襄河军分区《襄河报》编辑。1946年4月至6月中原突围时随伤病员北上。"

光明话剧团是抗日救亡团体，成立于1937年12月初，由中共河南省工委和开封市委领导，开封师范、开封高中、两河中学、北仓女中、开封女师、豫中中学等校的十八位学生和北仓女中教师林亮组建，林亮任团长，陈兰英为副团长，杜达任党支部书记。

在林亮、李正冠[1]撰写的《回忆光明话剧团》一文中，他们提到"竹沟也派抗大和陕公毕业生李野、杨昕、吴彬、李无白、汪锋、田奇等来充实剧团。李野做了剧团的支部书记"[2]。

妈妈在《难忘的一百天》一文中，较为详细地记下了她在光明话剧团工作的情况："我是1938年9月末到光明话剧团工作的。""光明话剧团是我参加革命后的第一个工作单位，而且在这个革命集体的一百天中，我生来第一次见识了这样复杂的社会环境，经受了严峻的考验。"[3]

当时妈妈只有十六岁，入党还不到半年，却被中共豫南特委派到光明话剧团任支部书记（原书记杜达因故脱离了剧团）。这时的豫南地区面临北边开封沦陷、南边武汉失守的困境。国民党的正规军、杂牌军以及地方武装势力混杂，形势非常复杂、严峻。可想而知，妈妈第一次走入社会，就面临着如此复杂的环境，还要担任支部书记，担子是多么沉重。

妈妈在文章中写道："豫南特委负责同志对我说，光明话剧团是我党领导下的群众团体，它的任务就是以演戏为工作和掩护，深入豫南广大地区，向各界群众宣传国共合作，宣传我党抗日民族统一战线的主张，动员群众有钱出钱有力出力，支援抗战，反对投降；剧团内比我年长的同志甚多，要依靠他们，团结全团同志，做好工作。豫南特委领导同志还教导我说，豫南地区环境复杂，各种势力犬牙交错，不论遇到什么情况，要切记独立自主，不能被别人吃掉，不能被别人分化瓦解。"

因为光明话剧团是以学生抗日救亡团体进行活动的，所以党

---

[1] 李正冠（李游）曾任光明话剧团副团长。
[2] 中共河南省委党史工作委员会编：《抗战初期河南救亡运动》，河南人民出版社1988年版，第273页。
[3] 同上书，第278页。

组织是不公开的、隐秘的。妈妈的身份，也就是一个唱歌和指挥的普通团员。她和大家一起演戏、唱歌，深入群众做宣传工作。多少年过去了，妈妈还记得他们教群众唱马可作曲的《游击战》的情景。

署名李予姜的《忆光明话剧团的生活片段》一文中提到了我妈妈："约在1938年初冬，……书记是刚从延安学习出来、由竹沟党组织派来的女同志李野担任。她只有十六七岁，但却很老练，她会唱歌，又会打拍子指挥。她来之后，剧团演剧前唱歌时的指挥就换成她了。"[1]

后来，党组织决定光明话剧团参加以戴民权为司令的豫南游击司令部，为的是争取国民党的地方杂牌军。但是他们很快就发现反而有时刻被策反和瓦解的危险。李游团长和妈妈等话剧团党组织的领导决定迅速撤离。妈妈随后赶赴中共中央中原局和河南省委的所在地确山县竹沟镇向特委领导汇报请示。当特委领导指示话剧团要和李先念一起去前方后，妈妈又只身赶路一百多里，几乎是跑着到了汝南县城，告诉剧团这个大好消息。1938年年底，话剧团回到竹沟镇，妈妈和剧团中的大部分人随李先念开赴豫鄂边区敌后，少数人留在竹沟镇继续工作或去延安学习。

妈妈牢记豫南特委的嘱托和教导，经受了考验和锻炼，圆满地完成了党组织交给她的第一个任务。

从这时起，到1946年4月，妈妈名副其实地成为新四军五师的一员，成为一名光荣的中原女战士。

新四军五师当时条件极为艰苦，是新四军在"皖南事变"后的主力部队之一，于1941年4月5日由新四军豫鄂挺进纵队改

---

[1] 中共河南省委党史工作委员会编：《抗战初期河南救亡运动》，河南人民出版社1988年版，第282页。

席佩兰1940年摄于湖北姚家山
新四军五师政治部

编。师长兼政治委员是李先念，参谋长是刘少卿，政治部主任是
任质斌。当时整个师共一万四千余人。1945年10月下旬，第五
师与八路军南下支队、河南军区合编为中原军区，脱离新四军建
制。在抗日战争中，新四军第五师对敌作战一千余次，歼日伪军
四万余人；部队发展到四万七千余人，组建民兵三十余万人，完
成了坚持鄂豫皖湘赣边区的抗日斗争任务。

　　1939年11月，豫鄂边区委成立，豫南、鄂中、鄂东三个地
区共产党领导的抗日武装统一整编为新四军豫鄂挺进纵队，1940
年夏，纵队决定成立演剧队。王坪在《我的文艺生活片段》中
说："人员从各方陆续调来，演出前夕，才凑成三男（唐亥、方
西、陆诚）、三女（胡旋、李野和我）和三位小同志（王先声、
王先觉、黄福林）。这样演剧队就算成立了。"[1]

　　徐垠的文章《鄂豫边区的文艺轻骑兵——新四军第五师文工
团散忆》中，关于文工团的成立，是这样说的："政治部为加强

---

[1]　鄂豫边区革命史编辑部，湖北省妇女联合会编：《中原女战士》（下辑），中国妇女出版社
　　 1992年版，第427页。

部队文艺宣传工作，同时也为大会演出仓促上马，决定由唐亥同志调集部队中擅长文艺工作的同志组建文工队。唐亥任队长，陆诚任副队长，队员有方西、方云、胡璇同（后改名为胡旋）、王坪、李野。"[1] 文中还写道："李野同志音乐素养较高，由她担任合唱队指挥并组织排练。""当晚，还是在原来的场地，……按部队团领导的指示召开'祝捷大会'。……最后全场起立搞了一个大合唱，由李野同志指挥唱了雄壮激越的《新四军军歌》。""从1941年下半年到1942年底，相继创作的剧本、歌曲、绘画……李野谱写了一首《伪军月下叹五更》的歌曲。""李野同志自学音乐，会填词谱曲。合唱队在她的排练之下，识谱能力普遍提高，只要抄一首歌曲贴在墙上，合练几次即能登台演出，所以演出歌曲的数量很大，唱得也很有气势，深受观众欢迎。""巡回演出时与某连战士联欢，发现一位司务长会唱河南小曲儿……内容是反映劳动人民悲苦生活的，……唐亥同志当即让李野同志记下词曲，在连队中教唱。"

更意外的是，文章中还有记述妈妈演戏的文字："第一出戏演的是《满城风雨》。内容大意是日本特务机关长（由师政治部敌工部长邝林饰）和维持会长（由师政治部宣传部长刘放饰）正在同当地士绅（唐亥饰）策划一场侵华的战斗。剧中我饰女侍小魏，方西饰男侍小金，胡旋、李野饰日本女郎。"

王乱记在《优秀的文艺战士胡旋》一文中，记载了1941年4月，新四军第五师建军，文工队与边区十月剧团一度合并，组成第五师部队文工团。我非常惊讶地发现文中有一段这样的文字："据说，就连当时敌占区的汉口的报纸也载文说，有人把她

---

〔1〕 鄂豫边区革命史编辑部，湖北省妇女联合会编：《中原女战士》（中辑），中国妇女出版社1992年版，第201页。

（指胡旋）和其他两个主要演员李野、王坪并称为'新四军三大明星'。"[1]

妈妈会演戏？是主要演员？还是"明星"？这真是令我瞠目结舌，从来没有听妈妈说过这一段呢！

在署名辛向阳的博客文章《论新四军第五师对知识分子干部的大胆使用》中有这样一段文字："十月剧团团长周辛、副团长杜薇以及汪洋、方坤、王坪、李野、邓耶等一大批文艺界的知识分子干部在第五师领导的关怀下为第五师和边区文艺宣传工作做出了自己的贡献，有的还为此献出了自己的宝贵生命。"[2]

在牛洛湝撰写的《红毛张家台忆事——记一次反"扫荡"中的几个女战士》中，有一大段文字描写我的妈妈："李野性格沉稳内向，举止端庄，不苟言笑。她平日话不多，但讲起话来条理清晰，谈吐幽默。……李野写得一手好文章，歌也唱得好，是很悦耳的女高音。她还能自己作词谱曲，可谓多才多艺。她所谱写的一首抗日救亡歌曲在敌伪据点也广为流传。给我印象极深的是，在一个欢迎敌伪起义士兵的晚会上，从伪军士兵行列忽然发出一阵齐声欢呼：'李野！来一个……'李野身着灰军装，打着裹腿，脚穿草鞋，落落大方地走向稻场中央，从容不迫地唱了她自己谱写的一首歌。歌声赢得了更为热烈的掌声。那场面和情景很是动人。"[3]

牛洛湝阿姨的这段回忆，使我深感震撼！妈妈的飒爽英姿，妈妈高亢动听的歌声，刹那间时空穿越再现眼前！

妈妈演戏，我不知情，但妈妈爱唱歌，我是知道的。她嗓子

---

〔1〕 鄂豫边区革命史编辑部，湖北省妇女联合会编：《中原女战士》（下辑），中国妇女出版社1992年版，第388页。

〔2〕 见 blog.sina.com.cn/s/blog_3f9bb3710100d2oq.html。

〔3〕 鄂豫边区革命史编辑部，湖北省妇女联合会编：《中原女战士》（中辑），中国妇女出版社1992年版，第148页。

好，音色浑厚，音质柔美。她不仅歌唱得好，还爱唱京剧，尤其钟爱程派，唱起来行腔优美婉转，韵味十足。至于写歌，虽然我零星地听她说过，但并没放在心上。

妈妈在《忆我与音乐创作的一段缘分》中说："大约1940年秋到1941年底，我在新四军第五师政治部文工队（文工团的前身）工作。因为我是延安来的，会唱很多抗战歌曲，加上我也爱唱歌，文工队领导让我当了音乐组长，演出时兼任合唱指挥，还时常到部队教战士唱歌，但存货总有卖完的时候，加之当时我军与延安和其他革命根据地隔断，新歌来源甚少，为了鼓舞部队士气，活跃战士文化生活，为了配合新形势新任务，创作新歌曲的任务就落到了当时文工队的少数几个文化工作者身上。严格地说，我只能算是一个音乐爱好者，喜欢唱歌而已，哪里懂得怎样写歌词，怎样谱曲呢？但据我自己——一个一路唱着革命歌曲参加到革命队伍里来的、当时只是一个青少年的战士的切身体验，我深知革命歌曲的伟大作用，于是，'没有，我们自己来'！在师政治部宣传部负责人刘放、蒋立同志的支持下，在胡旋、王坪等同志的帮助下，我先后创作了一些歌曲，有进行曲式的，有民歌小调式的，有小歌剧，也有话剧插曲。我们还访问群众，记录整理过不少湖北民歌，真可谓少年气盛，有点'猴子称大王'的劲头。虽然那些所谓的创作歌曲今天看（实在唱不得）起来简直是可笑，但在当时，被教者确也唱得有滋有味，我这个创作者，也因为'完成了任务'而高兴得很。"[1]

时光已经过去几十年，妈妈已经不记得自己创作的大部分音乐作品，记得比较清楚的只有四首歌曲。其中《伪军月下叹五

---

[1] 鄂豫边区革命史编辑部，湖北省妇女联合会编：《中原女战士》（下辑），中国妇女出版社1992年版，第424页。

打败希特勒

栗野 词曲

夏天里，热难当，希特勒是个大流氓！东放

火来，西放火，又向苏联动刀枪。

张弦注：此歌原有4段歌词，后三段记不清了。

青训队歌

佚名 栗野 词
栗野 曲

坚定有力地

来！ 挽紧臂膀！ 走！ 挺起胸膛！ 我们有年轻的热情，我们有年轻的

力量！ 让我们扭合成钢铁的链条，团结成铁的城墙！ 迎接着时代的风

暴，走上战场！ 为要人类的生存，也为了劳动人民的解放！ 我们在

战斗中生存，我们要在战斗中成长。 我们的意志需要锻炼，头脑更应当

武装！要掌握马列武器，走上抗日的战场！ 哪怕反共的逆流。同志们！

我们挺身来阻挡！ 哪怕敌人的凶残，同志们 叫敌人在我们手里灭亡！

李师长任政委从前线回来

欢快地

栗野　词曲

李师长任政委从前线回来，欢声像海浪澎湃！你们走到

哪里，胜利就跟到哪里。红叶满山，野菊遍地，

今天，我们又在这儿相聚。笑在脸上，乐在心里，

我们热烈地欢迎你，随着你的指南针努力！

伪军月下叹五更

中速

栗野　词曲

月亮出在东，天色到一更，低头看人影在地心中暗伤情。当兵受尽
月亮渐半空，天天色到二三更，大汉奸汪精卫调我到南京。我本原想
月亮升半天，天天思想起娘来伤心。我爹我
月亮逝了西，天天色到四更，骂一声汪精义气的好弟兄。
东方发了白，天天色到黎明，叫一声义气的好弟兄。

1.2.3.4. | 5.

长官欺，有苦无处伸，小媳妇的生活还不如，勉强帮助了日笑一声兵。
受训练，其实并吞，逼我去外国打送死，想理会落骂空名。
辅曹操，暗中辅刘备，现在逼活着我脸没见人事业，
真汉奸，不做中国人，干一番惊人千秋留美
时机到，大家快动手，

栗野歌曲4首（五线谱）

更》〔1〕《打败希特勒》《李师长任政委从前线回来》三首的词曲都是妈妈所作，《青训队歌》是妈妈作曲的，歌词由她与青训队队长合作（妈妈不记得青训队队长的名字了）。

一位叫作陈顺友的新四军前辈在《中原突围亲历记》中有这样一段描写："李野，从延安调来五师任文工团员的，她文化水平高，40年代初创作了《伪军月下叹五更》的词曲，我很崇拜这首歌，因而记得很熟。"〔2〕

可能是2009年或2010年，我请妈妈唱，由我记录了这四首歌。〔3〕我总结妈妈写的歌曲有几个特点：1. 结构完整；2. 流畅不拗口；3. 词曲契合；4. 音域合适合理；5. 调式清晰；6. 节拍明确；7. 民族风格浓郁。

作为一个从未学过作曲、从不知道音乐法则的青年人，为了形势的需要，妈妈"初生牛犊不怕虎"，竟然创作出了数量不算少的歌曲。她被任命为音乐组长，说明当时妈妈的音乐才华的确出类拔萃。

妈妈在此文中还提到，孙方〔4〕叔叔1978年访美，在哈佛大学图书馆看到了她创作的歌剧或歌曲，这令她惊诧不已。她惊诧

---

〔1〕 史料记载此歌为邓耶所作为误记。实际上这首歌的词曲都是我妈妈所作，当年在新四军第五师流传很广。当年刊载此曲时后面也有如下文字："作于1944年。陈顺友唱，张孝济记谱。新四军五师文艺史料《硝烟春雷》记载，曾任五师政治部文工音乐组长李野同志（女）为《伪军月下叹五更》词曲作者。作于1941年。该书作者韩光表、徐垠也指出，李野为此歌作者。"但我得到翻拍后的歌曲还是吃了一惊！因为此歌曲的曲调与妈妈所唱所写相距甚远，以至于我一时间对妈妈是否创作的就是这一首产生了疑问。但经过仔细分析后，我认为就是同一首，之所以曲调节拍均相差较大，应该是口口传唱所致，这种情形特别是在战争环境中应很常见。既然是妈妈所作，当然应该以妈妈前几年的演唱和亲笔记载为准。此外，因为当时妈妈只记得第一段歌词，其他段落的歌词可能与原作也有出入，但已无从查考。特此说明。
〔2〕 陈顺友：《中原突围亲历记》。
〔3〕 文中所附妈妈创作的四首歌曲，由艺术研究院音乐研究所研究员崔宪制谱，特此致谢。
〔4〕 孙方：李克农的女婿，曾在鄂豫边区工作，新中国成立后在外交部新闻司工作，1956年在中共中央高级党校学习时被打成"右派"。他和妈妈既是战友（鄂豫边区）又是同学（中共中央高级党校新闻班）。他的夫人李冰阿姨是我二姨（席瑞兰，后改名王秀明）在延安中央医院的同事。

于大洋彼岸竟然搜集资料到了如此详细的地步，也惊诧于自己还写了一些作品，却全然忘记了。

以前一直认为选择音乐专业，我在我们家是独一份，"前无古人后无来者"。但从妈妈的这一段经历看，我的音乐基因无疑来自妈妈。妈妈喜欢音乐，妈妈爱唱歌。在战争年代，为了抗战形势的需要，妈妈唱歌、教歌、指挥，又拿起笔写歌。妈妈写的歌，在当时的新四军第五师起到了鼓舞战士斗志甚至瓦解敌人意志、争取敌伪军的作用。从现存的资料看，在第五师，除了一位名叫邓耶的前辈（据记载为新四军音乐家）写了许多歌以外，创作数量第二的就是妈妈了。没有受过任何专业学习和训练的妈妈，凭借着天赋、热情和智慧，写出了多首流畅上口、铿锵有力的歌曲，令我不胜感叹和由衷敬佩。

妈妈随后终生所从事的新闻工作是从新四军第五师的《挺进报》开始的。

《挺进报》是抗日战争时期鄂豫边区影响最大的部队报纸，它原来是新四军鄂豫挺进纵队的机关报，挺进纵队整编为新四军第五师后，遂成为第五师的机关报。

在《新四军第五师的战斗号角——〈挺进报〉》一文中有以下记载："……改铅印不久，即1942年春，增加了专职记者，各旅（军分区）都派有常驻记者，先后担任过记者的，有包家璜、曾言、栗野（女）、廖挺、林波、迅光、陈旭、周定华、杨国治、鲁夫、严正、张彩文、常歆、姜飒、汤正义等同志。"[1]

《楚天号角》一书"电台工作"一节中提到："新闻电台及政治部宣传部的电台在这样艰苦紧张的四年工作中，不但给《挺进

---

〔1〕 鄂豫边区革命史编辑部：《楚天号角：抗日战争和解放战争时期鄂豫边地区的革命报刊》，武汉大学出版社1990年版，第47页。

报》提供了大量国际国内新闻，还将一些不宜发表的外电或中央社的新闻提供给编辑部，变成油印的《每日电讯》（应敏为编辑，栗野也曾编过），分送给师首长和师司令部、政治部各部门负责人参考。"

湖北《荆门日报》曾刊载署名黄銮雄的文章《鲜为人知的新四军"钢板战士"》，文中提到了我妈妈："当时，挺进纵队政治部司令部设有秘书处、组织部、宣传部、锄奸部、对敌部、联络部、民运部、油印股等。油印股隶属秘书处，秘书长是杨安平（后为马仲凡，马在中原突围时不幸牺牲），秘书是栗野（女，解放后改名李野，离休前在中共中央宣传部任职），王平、韩家仁（离休前为湖北潜江总口农场场长）为文书。"[1]

栗野就是我的妈妈，她从抗大毕业就改名为栗野，解放后改为李野。写到这里，我想起一个小插曲。我曾问妈妈："你为什么改姓'栗'啊？"她耸耸肩笑着说："也没什么特别的，就是因为爱吃栗子呗。"

妈妈"供职"的第二个"媒体"是《襄河报》。《楚天号角》一书中收入了《襄南火炬——〈襄河报〉和〈襄河部队报〉》一文，文中记载了《襄河报》的创办背景："早在1941年夏秋之交，边区党委即派张日星在天（门）汉（川）湖区建立了《七七报》第二印刷厂。约在新四军第五师已基本控制襄南地区后不久，襄南地委（其前身为天汉地委）即利用已有《七七报》第二印刷厂的有利条件，创办了《襄河报》。""据现存《襄河报》推算及老同志的回忆，《襄河报》是1944年3月10日创刊的，该报和《襄河部队报》都是在1945年9月停刊的。"文中还提到：

―――――――――

[1] 黄銮雄：《鲜为人知的新四军"钢板战士"》，载《荆门日报》，2008年9月12日。见http://paper.jmnews.cn/jmwb/html/2008-09/12/content_210197.htm。

"1944年两报编辑部的情况不详，只知该年《襄河报》为栗野（女）负责编辑。"

在文工团，女同志居多，而到了《挺进报》和《襄河报》，女同志就寥寥无几了。到现在为止，我看到有记载的《挺进报》和《襄河报》的编辑记者只有妈妈一位女性。妈妈参加革命后，一直在作战部队，从文工团离开后，多年从事新闻工作。妈妈在战火中得到了锻炼，成为革命队伍中的新闻战士、传媒中的世纪女性。[1]

1941年，妈妈和爸爸（张世彤，解放后改名臧易，1919—1971）结婚。爸爸和妈妈同是抗大四期学员，他从毕业后到1946年，一直在新四军第五师工作，历任连指导员、营教导员、团政委等职务。爸爸常年带兵打仗，参加数次战斗，两次负重伤。

1945年1月，战事异常紧张，敌我摩擦不断。这时姐姐诞生了。妈妈说，生下姐姐的第一天，她还躺在担架上被抬着，第二天就下了担架翻了一座山，第三天又蹚了一条河。而最可怕的是一次夜行军，四周静悄悄的，伸手不见五指。当部队迅速地穿过敌人的封锁线时，姐姐却大声啼哭了起来。妈妈知道，这是因为自己没有奶水，孩子太饿了。她虽焦急万分却束手无策。正在这时爸爸来了，他斩钉截铁甚至非常冷酷地说："把孩子给我！"妈妈只能松开手，任由爸爸"夺走"了姐姐。一会儿，姐姐的哭声停止了，妈妈绝望地想：孩子一定被掐死了。哪知道，爸爸在情急之下捂姐姐的嘴时，却被姐姐咬住了手指。爸爸紧绷的心顿时放松下来，任由姐姐尽情地啃。爸爸后来说，如果姐姐再哭，她的小命真的保不住了，绝不能因为她而暴露了整

---

〔1〕《传媒中的世纪女性》编委会：《传媒中的世纪女性》，中共中央党校出版社1995年版，第321页。

个部队啊!

也正是因为带着孩子有诸多不便,且屡遭险情,爸爸妈妈终于下了决心,把姐姐给了当地老乡。直到新中国成立以后,由组织出面,他们才辗转找到了五岁的姐姐,我们一家才算团圆了。这就是我的爸爸妈妈,他们和无数革命先辈一样,骨肉分离的痛苦在革命的大义面前,只能强压在心底。

根据党中央的精神和指示,妈妈和爸爸1946年4月至6月在中原突围前随伤病员北上。

抗日战争胜利后,为了抢夺抗战胜利果实和部署进行内战的兵力,蒋介石调集了二十多个师,加紧包围和蚕食中原解放区,并先后占领鄂中、襄西、鄂东、鄂南、豫中、豫西等地,企图消灭中原军区的部队,打通国民党军队向华东、华北和东北进军的通道。中原解放区是由新四军第五师和王震率领的八路军南下支队在鄂、豫、皖、湘、赣五省交界地区创建的敌后抗日根据地。6月20日,中原局向中央报告了突围的计划。6月21日,中原局又请示中央,要求月底实施主力突围计划。经过一系列部署和准备,以中原突围为起点的全国解放战争便开始了。中原解放军经过中原突围和突围以后的外线作战,保存了基本力量,为以后战略反攻、重返中原增加了重要骨干和有生力量。此外,突围前后合法转移和化装转移人员,突围战役中掉队、被捕被俘后出狱归队的人员,也都分别奔赴各个战场,为解放全中国尽了力,做了贡献。[1]

爸爸妈妈是在中原突围前随伤病员北上的,即前文中的"合法转移"人员。妈妈说过,这是党组织的决定,目的是为了

---

[1] 见http://baike.baidu.com/link?url=NE3PYXhc0kaRysN2b4K1bCrhD2zXwJjrs7dnxSrUtt4ivU4E1wt9DrBikqRdXrnlRm4dYljO6aT_y63POQC8h0QtFjGpF11fgAhnG7VaqDW。

保存一批干部。这也是和国民党谈判的结果，以伤病员的名义离开作战部队。他们的路线是从山东到朝鲜，再从朝鲜到晋冀鲁豫边区。

张卫明在《父亲的秘密》一文中，记述了他父亲张鼎中的回忆。张鼎中提到邓政委曾指示他："你去趟安阳。还是中原问题。最新情况，有一批新四军伤病员要乘平汉线铁路北上，这几天经新乡到达安阳。转运这批伤病员，是通过执行小组协商后达成的协议。"任务完成后，张鼎中才感到胆战心惊，原来，"刘邓首长不能预先告知的最大秘密是，这一千多人是由新四军精英骨干化装伤病员搞成的一支弱旅哀军"。[1]

四、新中国新闻事业的奠基人

1946年11月至1949年6月，组织上分配爸爸去公安部组织警卫团，他参与组建了东北局警卫团并任政委。妈妈从1947年7月开始，在《东北日报》工作了四年，先后任《东北日报》编辑、工业编辑组组长。

《东北日报》是中国共产党在东北解放区创办的第一张地区报纸，是中共中央东北局的机关报。1945年11月1日创刊，到1954年8月31日止，它经历了整个解放战争时期，迎来了中华人民共和国的诞生，参加了新中国初期的经济建设。《东北日报》在我党新闻史上占有相当重要的地位。[2]

妈妈到《东北日报》工作时，只有二十四岁。虽然妈妈在新四军已经从事新闻职业，但是，从部队转到地方，新的形势、新

---

〔1〕 见http://www.kaixian.tv/R2/n1824804c19.shtml。
〔2〕 见http://baike.baidu.com/view/1218623.htm?fr=aladdin。

的环境、新的任务，对于妈妈来说又是一个新的开始和新的起点。特别是任工业编辑组组长后，妈妈自此面对之前完全陌生的、从东北解放区到新中国的诞生都是经济成长重要标志的钢铁工业。

《东北日报》曾汇集了大批新闻界、文化界的前辈。他们中有廖井丹[1]、李荒[2]、王揖[3]、华山[4]、刘白羽[5]、华君武[6]、穆青[7]、严文井[8]等。妈妈与李荒、王揖、华君武、穆青、严文井等新闻界前辈都曾共事，相当熟识。记得70年代，我曾与妈妈到过严文井在东总布胡同53号的家。严文井指着妈妈对我说："我和你妈妈都是《东北日报》的报棍子。""报棍子"是新闻界老一辈带有自嘲性的昵称，我第一次听到这个词，感觉很新奇。妈妈和穆青、续磊（穆青的夫人，曾任《东北日报》记者）、华君武、宋琦（华君武的夫人）之后多年都有来往，家中还留有他们聚会的合影。

1949年6月，东北局警卫团准备整编为警卫师，爸爸转业到鞍钢工作。听妈妈说，爸爸当时还可以到刚建立的海军去工作，但组织上说，工业百废待兴，更需要干部，爸爸就选择了鞍钢。新中国钢铁工业完全是在废墟上建立的，爸爸为之倾注了心血。妈妈随后也于1951年5月到了鞍山，任鞍山市委机关报《工人生活》报（《鞍山日报》前身）总编辑。

妈妈在《鞍山日报》的具体工作情况已很难查考。但我惊喜

〔1〕 见 http://baike.baidu.com/view/317698.htm?fr=aladdin。
〔2〕 见 http://baike.baidu.com/view/308612.htm?fr=aladdin。
〔3〕 见 http://baike.baidu.com/view/201612.htm?fr=aladdin。
〔4〕 见 http://zh.wikipedia.org/wiki/%E5%8D%8E%E5%B1%B1_（%E4%BD%9C%E5%AE%B6）。
〔5〕 见 http://baike.baidu.com/view/77961.htm?fr=aladdin。
〔6〕 见 http://baike.baidu.com/view/20765.htm?fr=aladdin。
〔7〕 见 http://baike.baidu.com/view/80316.htm?fr=aladdin。
〔8〕 见 http://baike.baidu.com/view/134280.htm?fr=alad。

地发现了一篇发在2009年1月19日《鞍山日报》上的文章《为民喉舌贬恶扬善》，作者是孙国良。[1]文中提到，1952年，鞍山开展了大规模的经济建设，派驻鞍山的《人民日报》记者站站长是《人民日报》的副总编辑安岗[2]（妈妈后来说，就是那次安岗到鞍山时，闲聊中发现他竟然是她同去延安的好友樊镜修的妹夫，而且他和爸爸都是天津人，就更觉亲近。70年代，妈妈和安岗叔叔的夫人、樊镜修的妹妹樊抗阿姨又成为北京出版社的同事）。

孙国良的文中记载，1950年4月19日，《中共中央在报纸刊物上展开批评和自我批评的决定》公开发表。作为报纸的总编辑，妈妈积极执行决定，并在报纸上开展批评，却受到市委的直接阻挠。她心事重重、不无愤懑地说："为人民说话是很不容易的！"安岗立刻认识到事情的严重性，1953年2月6日，《人民日报》用差不多整版的版面发表了他的文章《鞍山〈工人生活〉报在开展批评中遭到官僚主义的严重阻碍》。之后，中共中央东北局机关报《东北日报》全文转载并加了编者按，鞍山《工人生活》报也予以转载。中共鞍山市委立即召开会议进行检查，还召集报社、市纪委、市监委及有关方面同志座谈，征询意见。安岗的文章在全国范围内引起了很大反响。

我从这篇文章中完全可以想象妈妈当时的样子。光明磊落，心底无私，秉公执言，疾恶如仇——妈妈一生都在践行这样的准则。

我对那时有些依稀的记忆。爸爸妈妈都很忙，爸爸所在的鞍山钢铁公司正值初建，妈妈在报社身负重任，再加上"三反""五反"等运动，以至于我的妹妹出生九个月就夭折了，直

---

〔1〕 见 http://www.qianhuaweb.com/content/2009-01/19/content_45168.htm。
〔2〕 见 http://baike.baidu.com/subview/309994/8646939.htm?fr=aladdin。

接原因是她生了病，但家里的阿姨怕承担责任，没有及时告诉成天不在家的他们，最终延误了治疗。

妈妈在《鞍山日报》工作了五年。1955年9月妈妈到了北京，从那时起至1957年9月，她在中共中央高级党校新闻班二班学习。我记得她说过，上党校学习是要经过考试的，当时北京很热，她答卷时满头大汗。

五、从《北京日报》到北京出版社——"文革"前后

1957年，妈妈从党校新闻班毕业，分配到《北京日报》任副总编辑，直至1966年"文革"之前。这是妈妈任职时间最长的工作岗位，这段时间也是我家最稳定的一段时光。

《北京日报》当时的社长是范瑾[1]，总编辑是周游[2]，副总编辑里除妈妈外，还有好几位女性。

妈妈在《北京日报》仍然负责工业报道。她曾多次和记者一起下厂，采写典型事例，并亲自撰写了多篇社论和评论。我记得妈妈去过很多次首钢，采写了先进典型首钢白云石车间，也采访过首钢党委书记周冠五[3]。她还常去二七机车车辆厂。因为工作关系，她也经常向时任北京市委书记、分管北京工业工作的郑天翔[4]请示工作，送审报纸大样（我在妈妈的遗物中看到了两张报样，显然是妈妈写的社论，郑天翔进行了审阅并有改动）。

我记得妈妈非常称赞当时北京市的领导和上下级工作关系。她曾对爸爸说："你们中央单位互相称呼官衔，不怎么样。我们

---

〔1〕 见 http://baike.baidu.com/subview/316708/9516230。

〔2〕 见 http://baike.baidu.com/link?url=kjdqqhhvBUqkz5L0hgdyex0yTdtKeDgMNJkUxxJYvz7Skq_2d。

〔3〕 见 http://baike.baidu.com/view/248695.htm?fr。

〔4〕 见 http://baike.baidu.com/view/248695.htm?fr。

北京市多好，一律互相称呼同志。"她还称赞市委领导的工作作风。她说有一次到市委开会，当时的市委书记陈克寒[1]主持会议，时间到了还有人没来，陈克寒看看手上的表，再回头望望墙上的钟，站起来就走了。

多年活跃在艰苦的战争环境中，妈妈的体质本就很差。她到《北京日报》后，繁重的工作又使她患上了严重的神经衰弱。有一天她刚出家门就晕倒在街上，被路人送回家，大衣上满是尘土。事后她说："真糟糕，其实在办公室也晕倒过多次，只是没人发现，醒了照样工作。"啊？是这样！我们这才知道，妈妈一直都在带病坚持工作。

妈妈在《北京日报》时经常上夜班，连续几天见不到她是常事。我小学毕业前同学们酝酿着考各类艺术中专，我也蠢蠢欲动。但是究竟考什么学校，要得到妈妈的同意（现在想来不知爸爸那时在哪里，为什么他没有发表意见）。但妈妈老上夜班，我只好写张纸条插在她房门外的"锁鼻"上。我记得非常清楚，第一次我写的是："妈妈，我想考戏曲学校。"妈妈也用纸条回复："不行！"第二张纸条我写的是："妈妈，我又想考舞蹈学校啦！"妈妈的回复是："不要胡思乱想！"第三张纸条写的是："妈妈，我想考音乐学院附中。"妈妈的回复是："这个可以考虑。"就这样，我考了中央音乐学院附中，从此走上了音乐的道路。

妈妈终于病倒了。大概是在1959年春季，妈妈上夜班，回来已是早上。中午睡醒起床穿袜子时，她竟全身僵直不能动了！万幸的是，那天爸爸因准备出差，恰好在家。妈妈的腰椎间盘出了问题，非常严重。整整三年，妈妈起初躺在床上连翻身都不

---

[1] 见http://baike.baidu.com/view/307675.htm?fr=aladdin。

行，后来才能够慢慢下床、重新迈步。我至今还记得妈妈在家扶着木制的隔墙，一步一步艰难挪动的情景。那时正逢我考音乐学院附中，所以还是二姨带我去学校报考的。直到1962年，妈妈才又回到报社继续上班。

转眼间到了1966年。北京市委瞬间成了"针插不进、水泼不进"的"独立王国"！而市委机关报《北京日报》则当然地成为"独立王国"的急先锋，首当其冲地成为被打倒被批判的对象。还记得就在那一年多以前，妈妈有一次回家兴奋地说毛主席为《北京日报》题写了报头，还夸奖报纸办得好。言犹在耳，怎么突然就……

爸爸妈妈都被打倒了，但他们在家从不在我们面前提起单位的事。因此"文革"时报社的情况我不清楚，但妈妈等报社领导已经被迫参加劳动，这是从我姐姐的记忆中得知的。她记得妈妈回家后，衬衫上有白色油漆的痕迹。1969年5月，妈妈先后被下放到门头沟潭柘寺公社和顺义李遂公社劳动。

在我的印象中，"文革"初期，妈妈竭力从思想上跟上形势，真心诚意地检查自己。下放后，她也努力劳动，"改造"世界观。她每个月可以回家两天，每次回来都高高兴兴的。她还说："下乡劳动有两大变化，一是老乡叫我'老李'了（妈妈下放时四十七岁）；二是我的神经衰弱好了。"1968年，在"知识青年到农村去"的口号下，上山下乡成为学生的必选道路。我姐姐面临着去黑龙江生产建设兵团的选择。当时爸爸很犹豫，但妈妈却坚决支持，认为姐姐应该响应毛主席的号召去锻炼。妈妈的意见占了上风，姐姐去了黑龙江，一干就是三年。

由于"文革"，我们家四分五裂、家破人亡。"走资派"的妈妈被下放劳动，"走资派"的爸爸被批斗，成天"陈芝麻烂谷子"地检讨个没完（我帮爸爸抄写了很多自我检讨的大字报），姐姐远赴黑龙江，我也随全校到38军114师劳动和搞运动。一家四口人分散在四个地方，该工作的不能工作，该学习的不能学习。1971年，孤单一人在家的爸爸突发脑溢血住进医院，我的二姨随后也因肺癌住进医院。妈妈从乡下赶回，两个医院来回跑，心力交瘁。那一年，我的爸爸年仅五十一岁就撒手人寰，二姨随后也病故了。

妈妈当时只有四十八岁啊！在此之前，她一直专心致志地工作，生活上受爸爸无微不至的照顾与呵护。他们共同生活了三十年，是革命的战友和同志，更是平等相待的好夫妻。妈妈曾说，当年在部队的时候，也不乏首长追求她（部队里女兵稀缺，普遍成为首长追求的对象），但她不为所动，而是与爸爸互敬互爱、相濡以沫。她说过："看我和你爸爸多好，从来都很平等。"

我可以想象爸爸的离去给妈妈的打击有多么大。但妈妈克制、隐忍，把无尽的思念埋在心底。直到2010年的清明节，全家到八宝山给爸爸扫墓，坚强了一辈子的妈妈突然号啕大哭，倾其所念，诉其所苦。这是我平生第一次也是最后一次看见、听见妈妈哭，而且是痛彻心扉的哭！

1972年12月，妈妈恢复工作，任北京出版社副总编辑。我也于1973年从38军回京分配了工作。姐姐在爸爸病逝后，由爸爸妈妈的战友帮助，到山东医学院上学，了却了爸爸的心愿。这段时间是我和妈妈相处最长的时间。和在报社不同的是，妈妈的工作从报纸转向书籍。她一如既往地专注于工作，每天晚上甚至周末，她都面对厚厚的书稿，伏案审读，仔细润色，从无懈怠。

当时北京出版社离我家很近，我经常到出版社的食堂吃饭，还和妈妈打乒乓球。妈妈不知是在哪里学的（估计是党校），打得真好，经常凌厉抽杀，而我就是瞎打一气，屡屡败下阵来。

六、女儿对妈妈的评价

我的妈妈和别人的妈妈是非常不同的。从记事起，我很少留有妈妈在家中生活的印象。说她除了工作还是工作真的是一点儿也不过分。

由于妈妈爸爸都是负有一定责任的干部，无法分心照顾我和姐姐的生活，所以家里除了"文革"时期，长期雇有阿姨做家务。我没有见过妈妈做饭，没有见过妈妈补衣（只见过她缝扣子，我常给她穿针）。妈妈自己的生活很独立，我从不记得她有什么额外要求。我的一位老师、也是忘年交陈复君阿姨说：你的妈妈是"干部妈妈"。这是很准确的评语，意指妈妈在生活上不像一个称职的妈妈。

妈妈年少时就离开了家，此后一直过的是集体生活。后来她又早早地做了领导，一心扑在工作上，无暇也无心经营自己的家。倒是爸爸，家里的事操心得反而多些。对于我们两个女儿，妈妈也很少严厉指责和说教，而是以她的性情、她的敬业、她的品格，成为我们的楷模，给予我们无形的、深深的影响，在我们的心中树立了丰碑。

除了以身作则，妈妈对我们的教育也并不是甩手不管。我印象深刻的是，每年的寒暑假，妈妈都要指定我们读几本小说。这些小说都是写战斗英雄的、革命先烈的、当代英雄楷模的。我记得她指定的有《卓娅和舒拉的故事》《钢铁是怎样炼成的》《牛虻》《红岩》《青春之歌》《欧阳海之歌》《苦菜花》《迎春花》《红旗谱》等。妈妈用心良苦，为的是通过这些小说，影响教育我们这一代形成正确的人生观。家里也有为数可观的外国名著，都是在鞍山时陆续购买的。她明确说不许我们看，我们也就乖乖地没看。直到"文革"中，我才开始如饥似渴地看了很多。

虽然很少花心思经营家庭，但是妈妈绝非是冷漠无情的，她的心中涌动着对于亲人和战友的无限真情。爸爸妈妈先后资助了四位大学生，两位是我大姨席新兰即妈妈大姐的孩子，王焕琪（女）上了人民大学，王焕德（男）上了北京大学；另外两位是爸爸妈妈的战友、烈士谭扶平[1]的后代，谭继平（男）上了北京轻工业学院，谭红（女）上了中国政法学院。

　　我特别要提到的是爸爸妈妈对于战友、烈士谭扶平的遗孀和子女的深情厚谊。谭扶平伯伯的夫人即牛洛湘阿姨，是妈妈在新四军时的好友。爸爸妈妈到北京后，和牛阿姨重聚，并资助她的两个儿女上大学。我记得有一段时间，爸爸每天在家熬中药，早上手里捧着药罐子去上班。中药并不是自己喝，而是带给在中国政法学院上学的牛阿姨的女儿谭红。当时谭红患了肝炎，而爸爸那时工作的冶金部建筑研究院就在政法学院的对门，爸爸隔着政法学院的铁丝网把熬好的中药递给她。"文革"开始，牛阿姨也被关进"牛棚"，她与后来的丈夫所生的几个孩子才十几岁，无人照看，生活无着，爸爸妈妈也时常接济他们。妈妈去世后，牛阿姨的儿子郭大伟对我说，有一次他妈妈看到他的棉衣上豁开的口子被缝好了，奇怪地问是谁缝的，大伟回答"是李阿姨缝的"。牛阿姨大为感慨："什么时候见你李阿姨缝过衣服？却给你缝了！"

　　大伟说完，我也大为吃惊，难以置信。因为我也没有见过妈妈缝衣服，真的从未感受过妈妈在吃喝穿戴上给予我们任何关怀。通过这件事，我更加明了了妈妈对于革命战友和他们的后代的爱是多么深沉、多么真挚、多么炽热。

　　"文革"时期是非常时期。万幸的是我家没有被抄家，父母

---

〔1〕　见http://www.baike.com/wiki/%E8%B0%AD%E6%89%B6%E5%B9%B3%E7%83%88%E5%A3%AB?prd=citiao_right_xiangguancitiao 。

没有被关押，但也进了"走资派"的队伍，被批斗，被下放，朝不保夕。就在这样的情况下，我的父母仍不忘以己之力，关心、资助很多落难的战友。

妈妈一直做编辑工作，特别是在报社，她亲自撰写了无数社论、随笔，因不署名，已不能知道具体哪一篇是她写的了。但从能看到的妈妈为数不多的文章看，妈妈的文笔简练，风格明快，直抒胸臆，不事雕琢；妈妈的字工整清晰，漂亮而有风骨，独具一格。

妈妈一生淡泊名利，生活简朴，性格坚韧、沉静、严谨。她年轻时一定是活泼热情的，从她写词作曲、指挥唱歌就可以判断出来。到了中年时，家中也常常听到妈妈的歌声和口琴声（妈妈的口琴吹得很好）。"文革"以后，家中一系列的巨大变故使得妈妈沉默了，从此再也难以见到妈妈的笑容，更不要说听到她的歌声了。

七、在中宣部工作和离休前后

1977年，妈妈在王揖的动员下，调到中宣部新闻局工作。妈妈愿意调离，一个很重要的原因，是1976年"四人帮"被打倒后，北京市市属各单位仍然是死水一潭，迟迟没有"动静"，妈妈着急甚至急不可耐。就这样，妈妈离开了工作近十年的北京市市属行政单位。

妈妈到中宣部已经五十五岁了，虽然始终没有被任命行政职务，却一直做着"编外"局领导的工作。局长们外出时，就"委托"妈妈主管工作。妈妈也乐得轻松许多，对于交办给她的事，也非常认真负责地完成。

2011年5月9日《陕西日报》第11版刊载了文章《延安新闻

出版纪念馆诞生记》。文中记载了1984年延安新闻出版纪念馆的启动和建成的过程。其中有一段说到我妈妈对清凉山新闻纪念馆项目的贡献："那天，我们到中宣部新闻局，接待我们的是李野同志。这是一位女同志，又是退居二线的，我们觉得没多大把握。谁知，李野是个老新闻，听说要办清凉山新闻纪念馆，表示出极大的热情。并说这事由她亲自请示主持工作的副部长郁文，让我们过几天再去。按约定时间到中宣部时，李野已办好批件，给我们一份复印件，说原件已转全国记协。"

作为新闻代表团的一员，妈妈在香港回归前夕，随当时的中宣部常务副部长郁文到香港调研，也曾出访朝鲜。而更多的，她是到全国各地参加新闻界的会议。

妈妈曾对我夸赞胡耀邦，说胡耀邦是她在中宣部工作时前后几任部长中，在文件上批示最多的领导，足以说明胡耀邦为了党的事业的赤胆忠心和呕心沥血。

1983年，妈妈离休，之后她从事了一些社会工作，如担任首都新闻学会理事、中华全国新闻工作者协会副秘书长、中华全国女记者协会特邀理事以及《中国大百科全书·新闻出版卷》《当代中国·新闻出版卷》和《中国新闻年鉴》编委等。

妈妈视野广阔，思维敏锐。她看到了社会以及体制的某些弊端，对于新闻法迟迟不能出台感到困惑、焦急甚至愤懑，难以释怀。我经常听她说与新闻界的前辈胡绩伟[1]、钱辛波[2]、戴邦[3]等开会的消息，也有他们在一起交谈和活动的照片。逢年过节，妈妈经常接到胡绩伟、钱辛波等人的电话问候，这是她非常开心愉快的时刻。

---

〔1〕 见http://baike.baidu.com/view/318753.htm?fr=aladdin。
〔2〕 见http://baike.baidu.com/View/311300.htm
〔3〕 见http://www.sd.xinhuanet.com/news/2006-07/07/content_7462630.htm 。

八、晚年生活

妈妈是1983年离休的，但直到1988年，她因被误诊（肾囊肿被诊断为肾癌）做了肾切除手术后，才正式退下来。妈妈平静地接受了退休生活。她不再上班，起居规律，也不喜欢外出活动，只有报纸书刊是她须臾不可分离的伙伴。那时家里每年订报订书刊的费用已经上千元了，我们成为楼里的订报大户。每天上午、下午，都是她阅读的时间。晚上看"新闻联播"基本上是雷打不动的，其他节目很少看。看完新闻后就又捧起报纸书刊，睡前躺在床上也不例外，枕头底下常年放着《古文观止》。

每天看过的报纸，妈妈会收在一起拿给我看。有意思的是，报纸上经常会有她对文章的批语，甚至对错别字的修改。每当看到这些，我不禁莞尔一笑：妈妈这个总编辑的习惯，怕是改不了了！

妈妈读书涉猎古今中外，政治、文学、历史、哲学、艺术，都会看。家里占一面墙的四个书柜，里三层外三层塞满了书，其他的柜子里也堆满了书和杂志。

妈妈从七十岁开始，听力开始下降。看电视音量调得越来越大，接听电话也越来越困难。她变得更加封闭，不愿再与人交往。除了看书看报，妈妈很大的变化是成了体育迷，几乎所有的体育项目，妈妈都感兴趣。电视转播比赛，妈妈几乎一场不落。妈妈说，其他节目说教太多，只有体育较为客观，反正耳朵也不太好使，听不见声音也没关系。

但是平静只是表面的。她对于祖国和社会的发展没有一天不牵挂，没有一刻停止过思考。越到晚年，妈妈的忧患意识越强。当年意气风发地参加革命，在枪林弹雨中毫不退缩，一心向往改变这个世界，建设一个强大的、民主的国家。几十年过去了，共产主义还没有实现，社会也还有诸多不尽如人意之处。她忧心如焚，却又心有余力不足。始终没有放下，这就是她的悲剧。

九、最后的日子

2012年，玛雅人预言的世界末日并没有到来，但是对于我来说，它却真真切切地到来了！妈妈从春节后就患了肺炎，病情急转直下，在医院里与病魔顽强抗争了五个月，终于支撑不下去了。7月6日晚上9点23分，我的妈妈撒手人寰，永远离开了这个世界。

妈妈在病危中，意识时而模糊，时而清醒，在这种状态下，有两件事使我刻骨铭心。

第一件，有一天，妈妈突然高声说："不干了！不干了！不当演员了！"我一惊，什么意思，妈妈又不是演员？为什么说不当演员？之后我顿悟，抑或在人生这个舞台，每个人都不得不说违心的话，充当不同的角色，而有些角色，却是性情单纯的妈妈所不愿扮演的。

第二件，有一天，妈妈受病痛的折磨躁动不安。为安抚妈妈，我对着她的耳朵，轻声唱起了《新四军军歌》的第一段：

> 光荣北伐武昌城下，
> 血染着我们的姓名；
> 孤军奋战罗霄山上，
> 继承了先烈的殊勋。
> …………

我一开口，妈妈刹那间安静下来，等我唱完第一段，她立刻张口唱出了第二段：

扬子江头淮河之滨，

任我们纵横地驰骋；

深入敌后百战百胜，

汹涌着杀敌的呼声。

…………

妈妈暗淡的双眸突然放出光彩，虚弱的躯体瞬间变得强大！一字不差，一音不差！我震惊，我激动，情绪失控，泪水倾泻奔涌……

我亲爱的妈妈，我知道，您的眼前一定又出现了战火纷飞的场景，您仿佛又回到了前线，身着戎装，英姿飒爽地挥舞着有力的双臂，指挥着广大官兵高唱激昂慷慨的战歌！

后记

由于我的妈妈一生倾力工作，为人内敛低调，所以她极少撰写回忆文章，也很少对我们讲述她革命的一生。对于那战火纷飞的青春、执着忘我的事业，她总是轻描淡写，多次说"过去的就过去了，没有什么值得炫耀的"。而这也是我最大的遗憾。为什么没有留心多问问她，多了解她那火红的青春，多贴近她金戈铁马的雄姿。直到妈妈离去，整理妈妈的手迹、藏书，我才猛然警醒：我的妈妈是个伟大的妈妈、杰出的女性啊！只可惜，有些生动、真实的史料，再也无法得到，只能随风而逝了。

【参考资料】

1. 百度百科。

2. 中共河南省委党史工作委员会编：《抗战初期河南救亡运

动》，河南人民出版社1988年版。

3. 鄂豫边区革命史编辑部，湖北省妇女联合会编：《中原女战士》（上中下），中国妇女出版社1992年版。

4. 鄂豫边区革命史编辑部：《楚天号角：抗日战争和解放战争时期鄂豫边地区的革命报刊》，武汉大学出版社1990年版。

5.《传媒中的世纪女性》编委会：《传媒中的世纪女性》，中共中央党校出版社1995年版。

6. 辛向阳：《论新四军第五师对知识分子干部的大胆使用》。

7. 陈顺友：《中原突围亲历记》。

张　弦

李野之女。1965年毕业于中央音乐学院附中钢琴学科，1970年毕业于中央音乐学院音乐学系，1973年分配至中国艺术研究院音乐研究所工作，1976年在《人民音乐》杂志工作，先后任编辑、主编、编审。1998年任中国音乐家协会副秘书长、中国青年音乐联盟副主席兼秘书长、音乐表演者权益保障中心秘书长。现任中国合唱协会副会长、《人民音乐》顾问、中国音乐家协会音乐评论学会副会长。

静宜女中放飞的女作家：郭晋秀

徐玲

郭晋秀，台湾著名女作家，1929年生于河南开封，1937年就读河南省私立静宜女中预备班，1945年从静宜女中高中部毕业，后就读河南大学。先后曾在台湾高雄道明中学、圣德女中任教。作品有散文集《天长地久》《比翼集》《反哺集》《我的小女生们》等，小说《金砖》《瓜棚下》《丑角生涯》等。

　　2013年8月，在王佩英慈善基金的资助下，我有幸带领学校静宜女子合唱团三十名优秀队员赴台湾静宜大学交流演出。此次去静宜大学我个人还有个愿望——寻找从静宜女中走出的台湾女作家郭晋秀女士的足迹。两年前，我在网上"跬—步的博客"里看到文章《静宜女中放飞的女作家：郭晋秀》后很是激动，为又发现一位从静宜女中走出的优秀学子而惊喜而自豪。从这篇文章中，我了解到郭晋秀女士是抗战期间就读静宜女中的，对此充满了好奇：这位曾在战乱的年代与静宜女中同呼吸共命运的优秀学子，这位如今著名的女作家是怎样的一位女性？想必她的文字应是内敛而优雅的，一如"静宜"这个淑女般的校名。

　　我带着合唱团花季般的少女们走进了夏日的静宜大学。路边

郭晋秀部分作品的书影

的行道树遮天蔽日的，我们走在浓密的树荫里，风吹动着我们的衣裙，我们仿佛也随之飘逸起来，激动美好的心情无以言喻。我们迈进静宜大学盖夏图书馆，迎面而来的是静宜大学的王金国老师，他手里捧着一摞书，这是他早已为我备好的盖夏图书馆仅存的几本郭晋秀女士的书。我忙跑上前接过这几本书，一一打量着它们：每本书都气质非凡，尽管面目沧桑，封面已褪了色，但依然有挡不住的一股墨香沁人心脾。感谢静宜大学唐校长为我开绿灯，允准我把书带回大陆尽情阅读。到台湾的第一天我就收获满满，脸上满是掩饰不住的激动和喜悦。

　　我最开始读的是《反哺集》，郭晋秀女士要反哺的不是自己的父母，而是静宜女中的创办者——美国圣玛利森林的主顾修女会的盖夏嬷嬷，反哺的是给予她完整教育的静宜女中，以及给她提供良好平台的她任职的学校。她感恩抗战时期在静宜女中避难时得到盖夏嬷嬷的庇护，感恩盖夏嬷嬷的宽厚慈爱对她人生的影响。郭晋秀女士在《反哺集》的自序中这样真情诉说她对盖夏嬷嬷的反哺之情：

盖夏院长（主顾修女会在华院长）逝世已逾一年。据闻，纪念她的专集，及她的传记均有人撰写。我仅以此册小书，聊表反哺之意，树欲静而风不止，子欲养而亲不在。此情，自古已然。

　　我生在河南开封，但是，出生于美国印第安纳州的盖夏院长，先于我到达河南开封，民国二十六年对日抗战时，我随母姊避难于静宜女中，初识盖夏院长。那时，所创办的静宜女中已卓有声誉。战火波及开封时，学校停了课。她收容了一大批难民，不但给她们容身之地，且供膳于她们。某次阴雨，她外出采购粮食，滑跌伤腿，一直未愈，在台湾这两年，她一直不良于行。而我，曾赖她伤腿而得的粮食，延续生命至今日。

　　我家在开封是大户，凋零的大户。抗战后，长兄长姊纷纷奔向政府。寡母携我及幼妹株守开封。如果未有静宜校舍的庇护，在战火中我们可能丧生。没有盖夏院长的食粮，我们可能饿死。没有静宜女中的存在，我们无处受教育。妈妈把我们放在学校，修女们照顾我们的一切。如果今日我被人认为有良好的生活习惯，守法、负责，任何美德，皆归功她们。

　　我国与日本苦战了八年。我在静宜女中住了八年，做难民，做学生。学校从小学五六年级（那时被称作预备班），一直到初高中。静宜给予我全部完整的生活教育，在那里我从一个流鼻涕的小丫头，长成一个懂事的少女。穿衣从不忘记衬裙，决不随地吐痰，守法守分，结了婚努力想办法彼此适应，决不萌离异之念；节俭、刻苦、负责、认真……所获得，一生享用不尽，却也补报不完。

　　三年前，我的家务可以用人代劳了（孩子已长大），我到天主教的道明中学服务，南部没有女校，我家住屏东，外地无法去。在道明，我竭尽所学，倾囊以授，全力以赴，兢业敬业。无他，略尽反哺之心。

今年元月，我接掌圣德女中。圣德创设于偏僻的渔村——东港，系瑞士籍的修女管理。她们的规章、方式，比昔日我所领受的更完美、进步。在这儿，我也竭尽所知，无他，略尽反哺之心。

盖夏院长来华四十余年，只在台湾已将静宜英专扩为学院，所培育的英才，不知凡几。我是这些学生中最无能的。如果，在世间我尚未尸位素餐，这"能力"非我所有，除了"天主"赏赐的，皆系主顾会修女所培育。此册小书，何足报于万一？仅献于盖夏修女，并释反哺集之命名。

透过她朴素的语言，我能感受到郭晋秀女士良好的修行、谦和的为人、质朴的感恩之心，她毫不把自己的成就归功于自己，而是归功于生养她的故土与母校，归功于她人生的灵魂之母——盖夏嬷嬷。其中，"穿衣从不忘记衬裙，决不随地吐痰，守法守分，结了婚努力想办法彼此适应，决不萌离异之念；节俭、刻苦、负责、认真……所获得，一生享用不尽，却也补报不完"令人感动。生活中的点点滴滴和琐碎的细节，无不透出郭晋秀女士的知书达理、贤惠善良、优雅有礼，显示出一种真正大家闺秀的风范。

郭晋秀女士在《苦涩的八年》当中曾经这样讲述静宜女中对平凡女性的教育和培养以及对她的影响：

日本人偷袭珍珠港，爆沉了美国军舰，向美国宣战之后，我们的学校停课一年。美国修女被关进了集中营，学生们纷纷回家。一年后，居然又通知学生返校上课。神父和修女全部是意大利人，日本人的盟友。意籍修女不能教普通课，她们教劳作（那时没有家事课，一律叫劳作）。

意大利修女真能干，补袜子的"袜板"，修补衣服用的小绷子、小毛刷，诸多工具，她们也不知如何置备的。一班三四十个女孩。她们教大家补袜子，要柔软平坦又结实，才好穿。教大家补衣服，尤其毛料子的好衣服。由底襟等处，抽出来原有的布丝，穿上小针，用小绷子撑着，顺着布的经纬，照样儿密密地"补缀"，弄好了，还用小刷子，把四周的线脚针脚刷刷平。她们也有中国妇女的传统美德——节俭。由打"袼褙"开始，教我们做布鞋，纳鞋底。她们的教材和教法，放诸今日，还是很适宜的。学以致用，女孩子学做身边之事，是对的、有用的。当然，她们也教织毛衣、钩毛线披肩等等，比刺绣有用，并且培养了节俭的好习惯。可爱的意大利修女。

郭晋秀女士的丈夫是位军人，照顾家庭和教育孩子的重任主要都落在她一人肩上。一日三餐，买菜做饭，照顾孩子等琐碎的家务事，在她的笔下写来没有一丝一毫的抱怨和纠结。她爱丈夫爱孩子，把一个家经营得和谐、温暖和幸福，她是一个真正意义上的贤妻良母。她与丈夫艾治平共同撰写了一本《比翼集》，她在丈夫眼里是怎样的一个妻子呢？艾治平在《比翼集》的序言中这样写道：

到今年十一月，我们结婚满十七年。

以我的个性，我的职业，来看我目下所拥有的这个家，我不能不由衷地感谢我的妻。她是个爽朗的人，甚喜辩论，甚至争吵；也就是她这份儿不隐于言的性格，促致我们今日的了解，及和谐美满的生活。但见人言："冰冻三尺，非一日之寒。"在舍下，绝无此可能，休说冷至冰冻啦，但凡温度稍差，她便要"发火"加温啦，把原因追究出来，把事情的真相弄清楚，一天云雾全清，依然日丽风和。因之，这些年来，我也颇受她的影响，讨厌看别人的"冷脸"，有话就说出来，何必"面若寒霜"。及至看到胡适先生的《四十自述》，说到他的二位嫂子，每逢有事不来和，便各自摆下"冷"脸给对方瞧，以致在他的童年，留下深刻的印象，认为世间最可怕的是，摆一张冷脸给人看。我妻原来竟有"学者"之见。这是她的性格。

我们结婚不久，就奉命撤到台湾，妻子、家全交给公家，不仅我一个人如此，全军伙伴皆然。她很能适应，在我们戎马倥偬、南北奔忙的时刻，她迈进了队上的图书馆，她读，她写作，这是她的兴趣。

七年前，我的次子艾葳，生二月夭之，妻悲恸异常，很久未能恢复。之后，她忽然热衷于平剧，习唱，习作，登台演出，颇下工夫。我以为她转移兴趣了，渐渐地，伤痕平复了，她又执起了笔，她仍然热爱写作。

十多年来，我既无钱供她享受，更无暇照顾她，她支撑着这个家，个中辛酸苦甜，她偶尔记载下来，而今再看起来，历历如梦，这是一个空军之妻真实的生活写照，不是无病呻吟，没有风花雪月，无梦，无幻，也没有缠绵曲折的爱情，她活得踏踏实实，写得真真切切。她的文字悠远而明净，足以表达她美丽的心境。我们中国有句俗话："卖瓜的说瓜甜。"我妻是我的一半，我不能吹嘘夸张，但我不能不说一句实话：瓜甜，真的，这是个甜瓜。

1962年，郭晋秀女士的孩子已长大，家务请了用人代劳，她受聘于天主教道明中学，做了一名教师。她在做教师期间，对学生倾其所有，关怀无微不至，就像盖夏嬷嬷当年对待自己那样。她在《我的小女生们》中开篇这样写道：

我没有女儿，如今，我有很多女儿。

我出生在旧式的、重男轻女的社会及家庭。我接受重男轻女的教育，一直自恨不是男儿身。没有女儿，我并不遗憾，只是在别人把女儿打扮得洋娃娃似的，或扎上一头小小朝天辫时，也偶尔感到，无法打扮臭小子的轻微的悒悒。

渐渐地，臭小子撒野地跑跳爬树，娇女儿则扮家家酒，而且围着妈妈绕，决不远走，不使母亲操心。小手小脸，更是清清爽爽的，不会汗流浃背一脸黑灰，诸多优点，使我这没有女儿的人，由衷羡慕。

而今，我终于有了可爱的女儿，不是一个两个，是无数个，而今，而后。我敢于如此肯定，是因为我决心安于目下这份工作，永远与小女生为伴，教她们读书，教她们做人，与她们共度快乐的日子。她们，就是我的女儿。

⋯⋯⋯⋯⋯

自1973年，我揭过去以往的一切，依然踏入一所中学，担任一班导师和两班语文课程，全心全力想把这份工作做好，全心全意只看着眼前一百个小女生，和她们一起作息嬉戏，根本不必再回到十五岁去，朝朝暮暮生活在一群小女生之间，所思所为，使得"我也是十五岁"，而且，我将永远是"十五岁"，啊，好一份年轻的、令人心折的工作。

把这份工作做好，我已经十分满意了。从未再想到其他，我自忖，我再也无能力应付任何事件。

⋯⋯⋯⋯⋯

那一年，我教初三，是初中里最高年级。那个班级是文科好、理科差的中等班级。她们的作文都不坏，周记中更蕴含了不少东西，有她们的思想、见解、问题以及故事。于是我先从我的小女生们的周记中，发掘了写作的资料，并开始了我的思考。

　　刊出后，得到朋友和读者的鼓励、安慰。我知道有人在看，这下子更是非同小可，于是我用心地发掘问题，更小心地写。

　　一转眼，两年了。二十四篇。纯文学出版社要为我出书。

　　我还要再写下去，而且要尽力。她们，每年的小女生不同，每年的事情不同；她们，随着社会的形态，也在变动。我已矢志与她们为伴，且容我借用天主教报纸《教友生活周刊》的一首教师祷文来自勉吧！

　　主，
　　每当我走进课堂，
　　赐我做好老师需要的一切德行。
　　赐我智慧，
　　不仅明了我所准备的学识，
　　且能领悟它们在青年生命中的重要性。
　　赐我热诚，
　　溶化今日青年的冷淡，
　　点化他们的兴致。
　　赐我仁慈，
　　感动虚伪和偏私之心，
　　体认那隐藏在面具后面的孤寂心灵。
　　赐我耐心，

不因失败而气馁，

效法您，

在人心中埋头耕耘。

赐我谦逊，

引领他人到您跟前，

正如您引领众人给天主父一样。

我没有圣宠可给，

对自己无须举扬。

赐我体谅之心，

在我的管教中加注慈爱的风范。

我已是成人，

学生没有我的控制力和欲望。

我要在教导中求知，

知晓我的首要之务是爱人，

没有爱，

学问再高深我亦毫无益处；

知晓学生能在我身上看到您，

我才是名副其实的导师；

知晓在引导青年驶向天国的道路时，

亦能把握自己的方向。

最后，帮助我明了，

我的最大酬报不在今生今世，

而是在未来。

有成群我教过的青年相伴左右，

在天堂我将如星辰般地闪亮，

因我已将您的光散布在世上。

（祷文由黑幼龙先生译）

她不仅传授知识给她的小女生们，更重要的是教她们做人，她告诫班干部"要任劳，还要任怨，任劳容易，任怨好难"，并勉励学生"做平凡的人，做平凡的事，在平凡中求进步，在平凡中获得满足与快乐"。这样朴素真切的要求，会对每个学生产生怎样的影响。我想起我们小时候接受的教育，没有哪个老师鼓励你去做一个平凡的人，都是号召你去学英雄做英雄；我们这个年龄的人，童年一定都会有不切实际的英雄梦，因缺失爱的教育，常会犯下自我不可饶恕的错误。而今，我也做了一名教师，读了郭晋秀女士的《我的小女生们》，不禁掩卷反思。

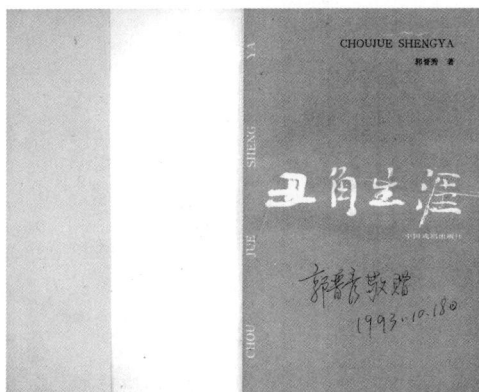

郭晋秀女士签名版《丑角生涯》

郭晋秀女士饰演《春秋配》中的李春发

郭晋秀女士1948年离开家乡到台湾，无论是做家庭主妇，还是服务于学校教育，她始终笔耕不辍，用朴素无华的文字记录着思乡之情，每个记忆都犹如一朵淡淡的茉莉，散发着清香宜人的味道，令人回味无穷。陕西师范大学文学院程国君教授这样评价郭晋秀女士的文字："郭晋秀的《乡音》里，对河南梆子的描写中透露深切的怀乡情绪，构成了台湾乡愁文学最美的篇章。乡愁散文是台湾女性散文创作的起点。一切东西，因为失去了才倍觉可爱、珍贵。女性作家痛失家园、故园，故乡的一切在记忆里就变得美好起来，即使在艰难困苦中那些琐细的个人经历，反复咀嚼，也有了无尽的情味。"

台湾女作家刘枋在给郭晋秀女士的《花红沙果海棠梨》一书作序时也这样写道：

　　背井离乡时愈久，思乡之情愈深浓，有关故乡的事物，哪怕只从文字上看到，也倍觉亲切，晋秀的新书《花红沙果海棠梨》，当她在电话中告诉我这个名字时，便已使我意往神驰。

　　我比任何读者都更幸运，已对此书获得"先睹"之权，所以不揣冒昧，自告奋勇地要写"序"，只不过为了花红、沙果、海棠梨引起了我无穷的乡思。我怀念极了这几种幼年常吃的美味水果，如今尝不到，纸上能谈兵也好，望梅可止渴，画饼亦充饥，能将这几个字多写几遍，心里总舒服些。

　　据晋秀告我，此书共有三辑，第二辑里面三十三篇小品，全部是写水果的，想得到的，除了书名字上面的三种，枣儿、杏子、红樱桃也在其中，这些在这有水果王国之称的台湾宝岛罕见之物，都是我乡普通的东西，且不论文章的好歹，只为了她写的是这个，我也得大声疾呼，向读者推荐，

"值得阅读，值得欣赏"。

如今，青年的朋友都极力赞赏乡土文学，本省作家写台湾风物是乡土，我们从鲁豫大平原上来的人，写江南，写山东，不也是乡土吗？各乡各土有各乡各土的特色与风味，没忘了大陆的老游子，想了解大陆的少年郎，都应该看一看这本书。一口清脆北京话的河南老乡——郭晋秀女士，在她行文遣字上，即使不写家乡事儿，也依稀有着乡土气息。她文章里没有洋味，也不算卖弄古文，平平实实的，亲亲切切的，只要你看，你便也会思乡。

下面呈献给大家郭晋秀女士的两篇小文，读后不难发现，她对家乡的思恋之情就体现在对家乡一草一木的回忆中。特别是在《西瓜大又甜》中，她觉得无论被誉为水果王国的台湾的水果多么美味，西瓜多么甜，都不如家乡的沙土地里出产的西瓜："只是，每看到西瓜，总不禁想起故乡那沙土地里出产的上好大西瓜，黑花条纹的，青皮的，还有白皮白瓤白子儿三白瓜，团团圆圆的小打瓜，用拳头打开来，瓜肉倒没有什么好吃，大黑瓜子儿，可喜逗人爱。此间瓜虽好，其奈非我乡何。"在《红叶》中，家乡开封尽管没有红叶，但柿子树的叶子经过霜打一样很红，学校教劳作的老师教她们用柿子叶剪成各种图案和字样，最难忘的是用柿子红叶拼成了"勿忘国耻，卧薪尝胆"这样的标语。这时郭晋秀正就读静宜女中，她在《反哺集》中曾写过这段经历。

红　叶

我生长的地区没有红叶，所以我十分向往那些"霜叶红于二月花"的地方。从古今人的颂扬语句里，我想，枫叶一定可爱动人至极。

后来我们迁居乡下，乡下有各种树。也许枫树只宜生长江南，我看到的枫树并不美丽。到了秋天的时候，几阵霜下过，郊外居然一片红叶，我惊问何树，才知道柿叶经过霜也红的。

纵然人们所歌颂的红叶是枫叶，我却认为柿叶也并不逊色呢。尤其是柿皆成园，密密丛丛，偌大一片，树身既高，叶子也很肥大，血红的一大片，颇为可观。学校教劳作的老师，就地取材，喊学生们摘下来红叶，趁着湿时剪成各种图案和字，贴在白图画纸上，艳丽而又新颖。做成标语，不仅实惠而且比一般标语触目得多。我至今仍记得，那些用红柿叶贴成的，一颗受伤滴着血的心，几个触目大字——"勿忘国耻，卧薪尝胆"，等等。

然而，这里竟然是没有红叶的，任何树的叶子，总永远是青青的，绿绿的。

造物主的安排，风霜雨雪也全是各有所用的，风雨不必提了，霜雪又何尝是无用的，在内地，入冬大雪，则主丰年，事实上，农家也不念叨么，雪是禾苗的棉被。这里吃稻米，不种麦子，不下雪无影响，可是霜呢？没有经过霜打的白薯不甜，没有经过霜打的树叶不红。这里原也有不少阔叶树，如果能变红，当可做成很多种类的图案和字形，然而，它却是黄也不黄，一年四季，总是青绿的。

一叶飘下忽报秋，秋已深了，却仍是见不到红叶，从何处去觅秋踪呢？我叹息！

西瓜大又甜

谁知摊头瓜，个个皆辛苦。

以往，我知道在台湾冬天西瓜是稀罕物，却从来没有想到过种瓜是辛苦事。并且"种瓜得瓜",自古以来,仿佛只说到种瓜有收获,却很少提及辛勤的种瓜人。

这半年中,我几乎目睹了西瓜的播种与收获,故此,每吃到西瓜时,我总忍不住想到那辛勤的种瓜人。屏东名产是西瓜、木瓜,木瓜另论,此处且只谈西瓜。西瓜的主要产地大概是在下淡水溪的河滩,每届初秋时分,台风乍过,河水未退,抢地插标,因而械斗的,或顺水漂走卷走的惨案,迭在报头出现。这些消息非大事,非切身,没啥人注意。今年,我就了一份他乡之业,每日奔波在高屏道上,每天两次,看着桥下的种瓜者辛勤地工作着,深为所感。

最初,是一片淤泥,首先看他们在每块地中间挖坑,挖一个枣核形,两头尖、中间特深的贮水池,把积水引进坑里。慢慢地,看到瓜苗拉开秧了。蜿蜒地,蔓延着。每天,在我认为已经是很早的清晨了,种瓜者已经提着水桶,灌浇过一大片瓜田了。从大桥上俯瞰下去,种瓜者何其渺小,踯躅在瓜田里,吃力地步下贮水池,舀起一桶一桶的水,再吃力地步出来,一行一畦地浇着。但是,就在我为他们的辛勤感叹时,一粒粒的瓜,呈现在眼前了,眼看着一天天滚圆长大,收获在即。转过来,我为自己感叹了,种瓜人的辛勤,眼看着将收获,愚蠢的人啊,你有什么收获,你感叹些什么呢?

屏东的西瓜,闻名全岛,我幸得居此产地,好西瓜确实吃了不少,搜罗遍一些词汇,似乎只有那句歌词形容得最为逼真传神——"西瓜大又甜"。屏东的西瓜真是又大又甜。尤其近几年,品种不断地在改进,皮愈薄,子愈少,愈趋可口。

忆及去岁,西瓜遭劫,有毒,打糖水,谣言害苦了瓜农。今年,西瓜又上市了,依然甜得惊人,却无人再怀疑它有糖水了，清者自清，浊者自浊，大概西瓜自己从来也没有想到过，它会引起社会上一场大波动。

只是，每看到西瓜，总不禁想起故乡那沙土地里出产的上好大西瓜，黑花条纹的，青皮的，还有白皮白瓤白子儿三白瓜，团团圆的小打瓜，用拳头打开来，瓜肉倒没有什么好吃，大黑瓜子儿，可喜逗人爱。此间瓜虽好，其奈非我乡何。祝福天下的种瓜者，你们是有福的，虽然辛苦，可是，种瓜，得瓜了。

郭晋秀不仅是位优秀的作家、合格的教师，还是一位专业的京剧票友，读她的《丑角生涯》你会惊奇地发现她对京剧的热爱绝不一般，不是将之视为仅用来排遣痛苦的工具，而是发自内心的热爱，这种爱植根于她对传统文化的崇拜，对传承国粹的使命感和对祖国深切的怀恋之情。离开大陆在台湾的每一天，她都魂牵梦绕着自己的家乡和故土，魂牵梦绕着养育她的学校——静宜女中。

演斑斓五音　抒世间真情

——记电影演员赵抒音

章煌远

赵抒音，电影表演艺术家。原名赵书英，1923年出生，河南开封人，1938年就读静宜女中。1945年在重庆中国电影制片厂当演员，主演《还我故乡》《万象回春》等影片，同时参加《清宫外史》等二十余部话剧的演出。中华人民共和国成立后在上海电影制片厂当演员，主演《女司机》《谁是被抛弃的人》等影片，并在《妇女代表》《今天我休息》等影片中饰演角色。

一、祖父、父亲和母亲

1923年7月7日（农历五月二十四日），赵抒音出生在河南省城开封三圣庙后街路北的一户职员家中。

祖父赵炳勋，字捷堂，少时家贫。十六岁时，赵炳勋一人背个小包袱从家乡山西闻喜县到开封，在书店街丰瑞永钱庄当学徒，后升为伙计。兢兢业业工作十几年后，他积下了些钱，晚清时是开封建筑行业的领班。1901年为迎接慈禧太后、光绪皇帝驻跸开封，赵炳勋受官府指派，主持开封行宫的修葺工程；清朝末年与人合作，在南书店街开设天成永金店；20世纪20年代又独资在吴胜角街开设祥兴永酒馆，自制烧酒、酱腌食品及点心，并销卖南货果品。因一度生意发达，赵炳勋买了三圣庙后街和西大街两处房产。

赵炳勋有三儿一女。赵抒音的父亲即其三儿子赵维诚。赵维诚生于1893年，1911年毕业于河南法政学堂，曾随任河北省乐亭县县长的二哥赵维新赴河北，任河北省乐亭县二科科长。因迷上京剧，赵维诚于20世纪20年代初曾离职去北京"富连成科班"当旁听生，学习司鼓，后在开封组织业余的丙子剧社，担任社长，排演《二进宫》《玉堂春》等京剧，博得好评。20世纪30年代初，在河南赈务会工作时，他邀请了梅兰芳赴汴赈灾义演，一时轰动河南。他一生热爱京剧，排演京剧，还编写了多本京剧资料。晚年在西安工作，他还常去易俗社秦腔剧团传艺、说戏，可称得上是一位京剧活动家。

1928年天成永金店倒闭，赵炳勋气急，得暴病在开封去世。顶梁柱倒了，赵家从此开始衰落。自赵抒音记事时起，全家仅靠父亲在河南赈务会当会计的42元月薪维持生活。赵维诚不会钻营拍马，不会投机取巧，赚不了大钱。但从小过惯了优渥生活，加之爱玩爱唱戏的个性，他并不安于过勤俭的日子，家里钱不够用，就旧账累新账。

赵抒音的母亲朱紫丰是江苏无锡人，生于1894年。父亲去世早，家境困难，十岁时朱紫丰随母亲逃难到开封。结婚前在开封中州小学教过很短时间的唱歌课和手工课，成家后不出外做事。作为一位贤妻良母，她在赵家没有地位，因为丈夫不会赚钱，常受婆婆欺负；对丈夫也是懦弱忍让，迁就顺从。她体弱多病，性格软弱，多愁善感，受了气，宁愿折磨自己也不愿得罪他人。她教育女儿凡事要忍让为先，多一事不如少一事；家丑不可外扬，要大事化小，小事化了。她的言传身教给少年赵抒音留下了深刻的印象。

赵维诚夫妇育有一子三女：儿子赵书年、大女儿赵书文、二女儿赵书真、三女儿赵书英（也就是后来的赵抒音）。

二、少时生活：常为影片里人物的悲惨命运流泪

赵抒音是兄弟姐妹中最小的，平时最得父母的喜爱。童年和少年时代虽然家庭的经济状况已经大不如前，但基本的衣、食、住、行条件仍维持着小康之家的水平。得益于父亲的熏陶，赵抒音从小喜欢唱歌、跳舞和运动，读小学时就经常参加学校里的歌舞表演。她特别喜爱看电影，有新片必看，观后常常以游戏形式去模仿影片中深深打动她的情节与片段。如看完《桃花泣血记》《渔光曲》《小玩意》《城市之光》《春残》等当时流行的影片后，她便学剧中人物的语言、动作，甚至一颦一笑。虽然年幼还不能完全理解其中的深刻含义，她却常为这些人物悲惨的命运流泪。

1936年6月，赵抒音从河南省立第十小学毕业，没能考上省立中学，却考上了学费最高的私立学校静宜女中。那时，私立中学学费很高，而家里已经有两个孩子在私立中学读书了。母亲原想让小女儿找点工作，以减少开支和补贴家用。但父亲决心就是借钱也要让女儿继续读书。

这年夏天，赵抒音来到位于开封双龙巷的静宜女中，开始了她的初中学习。静宜女中是一所教会学校，由美国修女盖夏嬷嬷创办于1932年。学校的管理人员和教师大都出身名校，而英文教员多由美籍修女担任，当时这所学校因教学质量高而闻名全省。学校给初一、初二年级开设的课程有国文、英文、算学、历史、地理、化学、植物、卫生、音乐、体育等。

但平静的中学生活不久被彻底打乱。日本侵略军在1931年占领中国东北三省，1933年占领热河，1937年7月又挑起"卢沟桥事变"，加紧了对我国新的大规模的入侵。中国军民奋起抵抗，全国上下掀起抗日救亡的热潮。

1937年7月底，北平、天津沦陷。8月13日，日军进攻上海。9月初，由金山、王莹、田方等上海影剧演员组成的上海话剧界救亡协会战时移动演剧二队来到开封。他们在这里演出了《保卫祖国》《卢沟桥》《上海之战》《到前线去》和《逃难到开封》等抗战独幕剧。赵抒音和同学去观看了演出。晚年的赵抒音回忆道："这哪里是在演出？这是人民在水深火热的灾难中共诉抗日之情。""他们的宣传演出结合当时汹涌澎湃的抗日热潮，在我内心中掀起很大的激浪，形成一个很大的冲击。"

1938年初，原本宁静的古城开封，飞机声、警报声常常响起。静宜女中的学生已无心上课，许多同学停学外走。赵抒音也回到了家里。家中同样是人心惶惶。已结婚的大姐赵书文决定随

1937年就读静宜女中的赵抒音

在中央信托局当职员的姐夫迁家武汉。在北仓女中读高中的二姐赵书真突然不见了，父母着急找了一个礼拜后，才接到她的来信。她在信中说自己已参加了二十集团军所属三十二军的话剧团，做抗日宣传工作去了，在外一切都好，让家中不要挂念，并建议母亲最好尽快把弟妹安排好。接信后，母亲把儿子送到已成家的大女儿处，但对留在家中的小女儿也不放心。这时驻守开封的二十集团军刚成立妇女宣传队，正在招收队员。于是，1938年3月15日，年仅十五岁的赵抒音在母亲的陪同下前去报名。

三、妇女宣传队中最小的队员

二十集团军妇女宣传队直属集团军总司令部。当时集团军总司令是五年前在长城冷口指挥第二军团抗击日军的商震。妇女宣传队队长是王文田，她在德国留过学，曾任南开大学的训育主任。她与早年留学日本的商震关系比较好。妇宣队队员除了一部分为小学教师外，大都是开封的师范生和高中、初中学生。妇宣队成立不久后，广东中山大学曾来了七个学生，但不久就离开了。队员中年龄最大的三十岁，最小的十五岁。

妇宣队成立后就驻扎在开封静宜女中校园内。前期工作大约准备了三个月，把队员分为四个组：一、话剧组，二、歌咏组，三、漫画组，四、讲演组。赵抒音被分配在话剧组和歌咏组，有时也让她到漫画组帮忙。

妇宣队排演的抗战话剧有：《张家小店》，赵抒音担任剧中"小媳妇"角色；《"九一八"以来》，赵抒音演剧中的"女儿"；《卖花女》，赵抒音饰"卖花女"；等等。妇宣队演唱的歌曲有《义勇军进行曲》《枪口对外》《大刀进行曲》《工农兵学商一齐来救亡》《松花江上》《打杀汉奸》等等。

妇宣队出发到接近前线的河南考城县，为农民和士兵演出，并去农民家里访问，宣传抗日。不久考城形势吃紧，演出地遭到日机轰炸，不时还可听到火线上的枪声，队里又都是女同志，军部便把妇宣队调回了开封。

仅在开封停留了一两天，全队就又出发了。当时已无任何交通工具，她们徒步了四天到达许昌。在许昌，赵抒音听到了令她揪心的消息——开封已经失守。队伍又到了鲁山、郏县一带。在郏县，赵抒音碰到了日夜思念的父母亲。他们从开封逃出来后，家中仅留下一个老人，即赵抒音的大伯母。

由于战事紧张，没待多久，赵抒音便告别父母随妇宣队返回许昌。大概是王文田找了商震，全队又乘火车去了汉口和长沙。所到之处妇宣队停留时间都不长。她们慰问伤兵，为部队做棉衣、搞募捐等。

因战事的发展和二十集团军的调动，集团军干部的家属要撤退到湖南永州，妇宣队也随同一起到了该地。到达不久，队长王文田因病离职。妇宣队由副队长王森负责，并让王华冰协助。王华冰原是开封女师学院学生，是妇宣队中资格最老的三位中共地下党员之一。她关心同志，工作积极，在她和其他地下党骨干的推动下，妇宣队的工作比以前活跃了许多，针对部队的宣传也很有特色。

当时驻在永州的还有两个团体：一是郭见恩领导的"新生活运动"总会妇女工作队，二是魏巍领导的战地服务团。妇宣队与它们合作开展演出。通过交流，她们排演了一些新戏和新歌。其中话剧有《毒药》《有钱出钱有力出力》《盲哑恨》（内容类似《放下你的鞭子》一剧）等，新歌有《我们在太行山上》《黄河大合唱》《游击队之歌》《救亡歌》等。妇宣队还开办儿童夜校，没有课本，赵抒音同她的伙伴就连夜抄写。

这时期妇宣队演的都是抗日题材的戏，赵抒音没有受过专业表演训练，但是她对表演懂得少顾虑也少，只要形势需要、工作需要她就上，而且表演得很大胆，表演得没有私心杂念。赵抒音扮演的角色都是遭受压迫的妇女，她与角色年岁相仿，思想感情上有基本的共同点——在无家可归的流浪者、受难者看来，只有抗战国家才有前途，只有抗战个人才有出路。《卖花女》一戏说的是东北沦陷区的一个孤女流落街头，在茶室卖花卖唱时，受到日本浪人的欺辱，众人群起跟日本人斗争的故事。赵抒音饰剧中的"卖花女"，每当她唱到"我的家在东北松花江上，那里有我的同胞，还有那衰老的爹娘"一句时，便想起自己沦陷的家乡和逃亡中的父母，悲伤的泪水止也止不住，直到泣不成声被"日本浪人"一巴掌打倒在地。排戏时如此，演出时仍然场场如此，台下也是哭声一片。赵抒音演《放下你的鞭子》一剧的"香姐"时，看到剧中的"父亲"就想到疼爱自己的老父亲，心想只要"父亲"心里能够痛快些，自己多挨几鞭子算不了什么。她设身处地把假戏真做，感情的流露特别真实。那时排戏没有正式导演，也不要求什么演技，只要观众受到感动，就认为演出是成功的。因此，那时对表演艺术还不甚了解的赵抒音，在妇宣队的宣传演出中成了一名主要演员。

1939年，二十集团军被调至湖南桃源。妇宣队也和集团军的眷属由永州一同来到桃源，和军部住在一起。

初到桃源时，妇宣队的工作较少。除了纪念日和联欢会演出外，很少有具体工作。后来王华冰逐渐开展一些工作，如组织士兵学习文化、成立眷属子弟小学、办民众夜校和妇女识字班等。赵抒音在眷属子弟小学担任低年级的数学和唱歌老师，在士兵文化班和民众夜校教抗日歌曲，在妇女识字班教农民妇女认字。这些工作使赵抒音经常同士兵、农民和儿童接近。学习班的工作并不是所有队员都参加的，多半是由教师出身的队员担任教书工作。王华冰总领着赵抒音等几个年龄最小的队员做农民、士兵的工作。在宣传工作的影响下，赵抒音的同乡、好友，大她一岁的队员王品素后来加入了中国共产党，成为地下党员。中华人民共和国成立后，王品素从事声乐教学，曾任上海音乐学院声乐系教授、副主任，培养了才旦卓玛、何纪光等一大批著名歌唱家。

不久，二十集团军属下三十二军的话剧团被解散了，剧团的女同志合并到妇宣队，其中就有赵抒音的姐姐赵书真。姐妹不期而遇，知心话自不会少。

妇宣队活跃的工作和艰苦朴素的作风引起了国民党战区司令部党部的注意。一个叫于纪梦的人时常找王华冰谈话，一开始问队员们看什么书，内部有些什么活动，后来就叫妇宣队组织读书会，读什么书由自己选择。事实上，经王华冰的引导和推荐，赵抒音等几名队员早就偷偷在看艾思奇的《大众哲学》和《新华日报》等进步书报了。

大约是1940年初冬，商震由二十集团军总司令职调为重庆军事委员会办公厅主任职。当时有传言说是上峰不信任他，才把他调走的，名义上给他升官，实际上夺了他的军权。妇宣队是商震个人负责拨款成立的，没有司令部的编制。上面要商震自己处理，商震觉得换了归属后可能对妇宣队不利，于是决定把妇宣队带走。自己找到出路的一部分队员离开了，剩下的人就随同商震到达了重庆。因一时没安排工作，这些人最初就全部住在商震家中。不久，她们的去向被商妥：妇宣队队员们调到有形无实、只有两三个办公人员的军政部妇女工作队。军政部妇女工作队队长是何应钦的夫人王文湘，但她只是挂名，实际负责工作的是她的秘书李成翠。后来李成翠主要监视这些队员并向王文湘汇报情况。工作队驻在重庆小龙坎附近的覃家岗，和军政部抗属工厂在一起。

妇女工作队并无多少工作可做。一部分工作是主动争取的，如教抗属工厂女工识字、歌咏，出些抗日壁报等。她们排演了杨村彬写的多幕话剧《战歌》，以纪念该队成立两周年。经王华冰提议，在参加这次演出时，队员都改用了别名。赵抒音用的是"蓝珂"一名，饰演樱娘一角；赵书真用的名字是"蓝海"。她们请来中国电影制片厂（简称"中制"）的著名演员陶金当导演，而舞台灯光设计由同在"中制"的小伙子章超群担任。三八节时，妇女工作队又参加了重庆的演出活动，剧目是改编的苏联话剧《人约黄昏》，赵抒音和王品素扮演主要角色。

当时重庆政治气候变化很大，李成翠时常汇报队员们的行动，对她们监视很严。王文湘平时根本不露面，来了就训人，又强迫全体队员加入三青团，想以此来加强控制。随着政治形势的恶化，重庆新华日报馆被暴徒砸毁，王文湘对工作队的管制也更严了，不许队员看《新华日报》和进步书籍，无事不许外出，等等。一次，全体队员接到通知，到市里去参加所谓纪念林则徐禁烟大会。王华冰事先得知，这个会宣称是要烧毁收缴的毒品，但实际要烧的是《新华日报》和进步书籍。于是大家借故拒绝参加。此事虽然不了了之，但大家感到实在待不下去了，都开始想办法找出路。几个年纪较小未读完初中、高中的队员就想回学校读书。

赵抒音本想去考国立戏剧专科学校，但学历低，条件不够。后经王华冰找关系，她考进教育部战区学生进修班。同时考取该班的还有赵书真、宋怀玉、胡润如和侯仙芝四名队员。王品素去了中央训练团音乐干部训练班。其他队员有找到另外工作的，也有结婚的。最后走的是王华冰。该队在1941年初冬被迫解散。

四、在实验演剧队遇到棘手事

教育部战区学生进修班在重庆青木关八庙堂，是专辟为战区失学学生或未考取学校的学生补习功课的地方。进修班管饭吃，但没有什么老师上课，大半时间是自修。赵抒音她们五人在此待了两三个月后，全都被分到国立第十七女子中学。十七女中位于四川江津县白沙红豆树，环境幽静。白沙是有名的文化古镇，1940年民国政府在此设立了女子师范学院。赵抒音被分到初二年级，赵书真被分到高三年级，宋怀玉、胡润如和侯仙芝被分到高一年级。赵抒音在此学完了初中课程。

三年多的工作实践使她认识到自己知识的缺乏、能力的不足，赵抒音决心努力充实自己，所以进校后埋头读书，不大讲话。但班上同学年龄都比她小，个子也没她高，大家见她身材匀称、秀丽端庄，知道她演过戏，因此学校开展文娱活动时，就推选她来搞。假期里，赵抒音和几位同学排演了《大地回春》（陈白尘编剧）等话剧。

其十七女中的同学甘淑娴在六十年后的回忆文章中写道：

> 1943年读初三时赵书英（赵抒音本名）与我同班，她高高的个头，身材修长、苗条。白皙的皮肤，瓜子形的脸蛋，两颊红润，一头乌黑微卷曲垂耳秀发，眉宇间显着她的睿智，一双晶莹灵活的大眼睛，高高的鼻梁下衬托着一张会说话的小嘴巴。她端庄、美丽、大方，风度翩翩，十分神气。她是一位非常漂亮的女孩。
>
> 在教室里赵书英坐在临窗靠近黑板的左前排，她上课用心听讲，且做笔记。当时我坐在中间第一排，我爱动、打野，且不怎么用功。我有不懂之处求助于赵书英，她总是和

颜悦色地解释。她那一口流利标准的普通话很好听。她对人和气、诚恳。同学们都乐意接近她，喜欢她。[1]

自赵抒音离开家后，家里就没有负担过她的生活。她参加妇宣队在考城县第一次拿薪水（每月20元）时，就给家里寄了10元。等她从考城回到开封又要离家出发时，母亲把她寄回来的10元钱还给她，说："这是你寄回来的钱，家中也没有多余的钱给你。"赵抒音离开妇女工作队回学校读书期间，经济上很紧张。赵书真1942年毕业后，考取了在昆明的西南联大。赵抒音还拿出自己的积蓄给二姐用作路费。十七女中虽然免学费管饭，但没有零用钱。当时赵抒音已有了男友，那是在妇女工作队演出时认识的章超群。因为有自尊心，赵抒音不愿接受他的钱，这期间就靠在重庆的大姐赵书文少量接济。所以赵抒音初中毕业后想找个工作自立。适逢教育部实验演剧队队长阎哲吾在重庆招收队员，经章超群的姐夫陶金介绍，赵抒音加入了该队。

实验演剧队在重庆北碚。当1943年3月赵抒音去那儿工作时，队里正在排演话剧《蜕变》（曹禺编剧）。因人手不够，赵抒音兼演戏中的两个角色——夏霁如和况太太。另外她还负责一些服装和化妆工作。戏排好后在北碚做了公演，然后全队到附近的长寿、涪陵、丰都等地去巡演。在巡演中，队里又排了几部小戏，如《软体动物》（赵抒音饰演"家庭教师"）、《野玫瑰》（赵抒音饰演"小丫头"）、《蓝蝴蝶》（赵抒音饰演"女朋友"）。

在涪陵，一位曾姓国军少将看了他们的演出。之后，阎哲吾同队员说，这位少将势力很大，这次演剧队所到之地都归他管辖，一定要同他搞好关系，不然怕影响演出，甚至会闹出点事

---

[1] 原国立女子师范学院附属中学红豆树校友编：《回忆与通讯》第六辑，2004年。

来。阎哲吾还说少将很喜欢看演剧队的戏，要请全队吃饭。结果全队都去了，席间阎哲吾忽然说，少将特别爱看队员夏天和赵抒音的表演，要收他们做干儿子、干女儿，并说这次吃饭的机会很好，就不另安排什么礼节了。听了阎哲吾的话，赵抒音觉得莫名其妙，又有些害怕。她心里不愿意，但又不敢拒绝，不知如何应对才好。两天后，阎哲吾又让大家陪夏天和赵抒音去了趟少将家。这件事使赵抒音心里产生了很大的疑惑：他们在搞什么鬼？有队员说，这是少将打算把夏天招为女婿，而对赵抒音则是心存不轨。赵抒音深感环境复杂险恶，自己难以应对。农历五月节前夕队里聚餐，以前从不喝酒的赵抒音却喝醉了，沉睡了一夜。第二天她拿定主意，向队长提出不干了。

1943年6月，在实验演剧队工作了三个月后，赵抒音回到重庆大姐家，在那里补习功课，准备进高中学习。这时大姐赵书文同姐夫凌郁文之间感情已有了裂痕，两人正在闹离婚。人事的多变、自己的弱小，使赵抒音对社会的黑暗心生畏惧。她想回到心目中的桃花源——人际关系单纯的学校继续读书。

五、在漫长的旅途中他们结婚了

章超群时常来看赵抒音。他是江西南昌人，1920年生，祖父早年白手创业致富，曾任南昌商会会长。但父亲不擅经营，喜好玩乐赌博，家道很快败落。章超群十四岁就跟着二姐章曼苹到北平中国旅行剧团演过戏。1937年淞沪会战爆发，在上海的他中断学业，随陶金、章曼苹夫妇到武汉，加入"上海业余剧人协会"，后到重庆。章超群英俊聪明。他起初担任舞台管理，后搞舞台灯光设计。他热爱这门艺术，工作肯干，用心钻研业务，加上演出又多，不久在重庆的话剧界就小有名气。赵抒音与章超群在家庭和经历上有不少共同处，章超群还在开封读过两年中学，相同的爱好与对社会相似的感受，使两个年轻人越走越近。赵抒音没有告诉章超群在涪陵发生的事，但章超群可能感觉到了什么，他提出两人间的大事应该有一个决断。

1943年8月21日，这对情投意合的恋人在重庆订婚了。事先，赵抒音给逃难到西安的父母写信，他们不同意女儿和搞戏剧的人结婚。但身陷爱河的赵抒音得到了大姐赵书文的支持，大姐以家长的身份为他们举行订婚仪式。当时订婚要在报纸上登消息，怕父母亲知道了不放心，赵抒音在订婚证明书上用的名字是"赵英"。

9月初，赵抒音回到白沙红豆树读高一。这时，原来的十七女中已改为国立女子师范学院附属中学，宋怀玉、胡润如和侯仙芝在同校念高三。在读高一的一年中，赵抒音靠助学金过着朴素的生活。她埋头学习，又阅览了许多文学作品，尤其对19世纪西方批判现实主义的文学名著感兴趣，阅读了托尔斯泰的《安娜·卡列尼娜》《复活》、屠格涅夫的《罗亭》《贵族之家》等等。几年来的演艺生活和社会实践，使她对作品中人物的言行和作品的思想内涵，有了更多的理解和认识。而阅读这些经典作品，也使她日后观察各种社会现象和人物时，视野更开阔，目光更锐利。阅读古今中外的文学名著，后来一直是她的爱好。

大家又推选她和同学蒋佑贞一起负责学校文娱组话剧的演出。虽然这两个女孩之间有时会闹些别扭，但她们还是成功地排演了老师朱彤写的以《红楼梦》为题材的话剧《郁雷》。女师附中没有男生，剧中的"贾宝玉"一角就由赵抒音反串。

同学甘淑娴在回忆文章中说："那时的附中经常开展文艺活动。赵书英天生丽质，擅长演艺，风度潇洒。她演男主角，蒋佑贞演女主角，配合得十分默契。演员们在楠木林中的土台上演

演斑斓五音　抒世间真情　　165

出。当时没有电灯，在煤气灯的照耀下，演员们熠熠生辉。演完《孔雀胆》（应为《郁雷》。——作者注）后，我们的掌声经久不息，竟舍不得离开楠木林。"[1]

高一尚未结束，章超群忽然到校来找赵抒音，说他要到昆明去工作，这一走不知什么时候回来，现在在打仗，将来会怎样变化说不清，希望赵抒音跟他一起走。这时大姐赵书文已改嫁去了万县，二姐赵书真正在昆明的西南联大读书。于是赵抒音决定同爱人一起走，但提出到那里仍要继续上学。

1944年5月，赵抒音告别老师和同学，随同爱人，由重庆到达昆明。起先，两人一同住在章超群工作的大鹏剧社，赵抒音准备考插班生。后来，在二姐的督促和帮助下，她考取了云南大学附属中学，上高二。但这时学生们难以再安心读书了。

秋天，日军沿湘桂铁路进攻广西，国军战败溃退。12月，昆明局势紧张。章超群决定带赵抒音回重庆"中制"。他们搭乘"中制"派文克江开到昆明来采购物资的汽车上路了。昆明到重庆不但路途远、路况差，而且要经过大片的山区。1944年底，在漫长的旅途中，这对情投意合的年轻人结婚了。

他们于1944年12月下旬从昆明出发，1945年1月23日才到达重庆。这对新婚夫妇住在简陋的"中制"宿舍里。赵抒音一直没有放弃回学校读书的愿望，但第三次入校又怕同学笑话。经章超群和陶金向厂里要求，不久赵抒音有了一份在"中制"附属抗建堂搞票务的工作。抗建堂是在郭沫若的提议下，1941年由"中制"第二摄影场改建而成的。建筑朴实典雅，有800个座位。大后方的各剧团在此上演了几十出抗战戏剧，许多在重庆的党政要人和社会贤达都到此观剧。

---

[1] 原国立女子师范学院附属中学红豆树校友编：《回忆与通讯》第六辑，2004年。

六、拍第一部影片：导演史东山的工作态度使她感受颇深

一次，"中制"导演史东山正好碰见赵抒音。他知道赵抒音参加过演出，就问她演过些什么戏。过了几天，他拿来一个剧本，让赵抒音看后写一个剧中人物的角色自传。原来史东山正准备开拍他编导的故事片《还我故乡》，原定女演员阮斐因怀孕不能参加拍摄，他急于重新找人。史东山看了赵抒音写的角色自传，又让她试了镜头，觉得很满意，便决定由赵抒音来饰演剧中的陈苗影。

当了一个多月票务员后，在拍摄《还我故乡》时，赵抒音正式进入"中制"当基本演员，并由赵书英改名为赵抒音。这时是1945年3月底。

赵抒音在拍戏前就听说史东山对演员要求很严格，拍戏时有人不准时，他就拿个闹钟放在片场。谁迟到，便请他说明理由。张翼等老演员都怕他。赵抒音拍第一场戏就感到此非戏言。那天群众演员上场后，史导演很生气地立即宣布停拍，说夏天的戏怎么都穿着深色秋衣，并指出这是服装和剧务工作的失职。剧组制片吓得不敢讲话。但事后大家都说史导演的脾气发得有道理。剧组里有个老演员，因为生活困难，拍戏往往不能专心。此人是史导演的老朋友，史导演多次提醒他"集体创作集体负责"，最后还是换了演员。

赵抒音在妇宣队工作时曾访问农家、教农妇识字，接触了各色各样的妇女，她对陈苗影这类角色的心理和表情比较熟悉。但这是她第一次拍电影，又碰上对艺术精益求精、顶真严格的导演，心里不免有些紧张。拍戏中，史导演指出她多用后背和侧面对着镜头，还没有学会适应镜头，但夸奖她工作认真，感情真实，动作自然。能得到史导演的表扬，赵抒音有了自信。

《还我故乡》的男主角由陶金担任。陶金十九岁就加入中国旅行剧团，参加《雷雨》《日出》等大戏的演出，后进入上海天一影片公司，主演《黄浦江边》《女同学》等影片。抗战后他加入上海抗日救亡演剧四队，辗转武汉、重庆等地，演出话剧《民族万岁》《塞上风云》等。1942年入"中制"，先后主演《胜利进行曲》《青年中国》《日本间谍》等影片。陶金演戏朴素、自然、细腻。他有天生的好嗓子，加上后天的训练和艺术表现，念的台词便带有磁性，把观众牢牢吸住。参加《还我故乡》拍摄的还有曾主演影片《女皇帝》和《孔夫子》的张翼等著名演员。

同这些优秀的导演、演员一起工作，赵抒音觉得排戏和拍摄就像上课，学到了很多东西。尤其是导演史东山对工作的态度，使她感受颇深。许多年后，她在业务总结里写道，从史东山身上"学习到两点：一是工作要认真，二是要敢于坚持对的"。《还我故乡》是赵抒音拍摄的第一部影片，此时她有了"电影摄制是集体的共同劳动，任何一环有了问题都会影响整体"的基本观念。以后拍戏，她总是抱持"工作要认真严肃，准备工作要仔细"的态度。

七、从重庆去上海，调至中国万岁剧团

《还我故乡》于1945年秋天拍摄完成。在该片即将告竣之时，8月14日，广播中传来了日本无条件投降的消息。"日本投降啦！""我们胜利了！""中国万岁！"一时"中制"沸腾了，山城沸腾了。人们涌上街头，燃放鞭炮。然后是各种庆祝的集会、演出。赵抒音这时虽身怀六甲，仍兴奋地参加活动。初冬，她生育了第一个宝宝，是个男孩，取名为章辉远。

此时的"中制"人心浮动。"中制"的编导、演员大都来自

上海的影剧界，他们归心似箭。但要回上海谈何容易，这时飞机票以黄金计价，火车票、轮船票也得通过关系才能弄到，对于这些既无钱又无势的演艺者来说，真是太难了。陶金想尽办法，与一个船老大谈好，包下一条原来运货的大木船，准备沿长江顺流而下回上海。尽管不少人担心一路的安全，但苦于别无他法，最后同行的竟达八十多人。

赵抒音抱着才半个月大的章辉远，随章超群上了船。她和同样也带着孩子的章曼苹、史东山的夫人华黛妮、郑君里的夫人黄晨睡在船尾。船行江中，江风很大，大家只好躲在被子里，连脑袋也蒙上。陶金、章超群等几个男的睡在船头，每天要商量行程，讨论可能遇到的问题和解决的办法，晚上还要值班。为防土匪，夜里船上不准点灯，小孩不准有哭声。可笑的是，船上有两名带枪的"中制"卫兵，怕土匪知道后上船来抢枪，居然把枪藏进船舱。该船驶至宜昌，因年久失修船底进水无法继续航行。陶金只得率众换乘他船先到南京。当他们从南京再坐火车抵达上海时，已是1946年2月初了。

他们被安顿在"中制"接管的位于金司徒庙（今万春街）的原艺华影业公司内，住摄影棚、化妆间。"中制"忙于迁厂到南京，半年多时间没人管，也没安排工作，不少演员到外面接戏。陶金参加了昆仑影业公司《八千里路云和月》和《一江春水向东流》的拍摄，在两部片子中饰演男主角，其表演受到广泛称赞。两部影片都获得极大成功：前者被誉为"战后中国电影的一块奠基石"（田汉语）；后者创造了当时国产片卖座的最高纪录。

1946年9月，"中制"改归国防部新闻局编制，说不拍故事片了，把演员和舞台工作人员调至中国万岁剧团演话剧。中国万岁剧团（简称"中万"）附属于"中制"，因1939年上演《中国万岁》一剧而得名，现任团长是"中制"的副厂长王瑞麟，秘书是周彦。很多人不愿去南京的"中万",因为在上海可以到各私营电影公司或各剧团找些戏演,补贴生活。当时物价飞涨,单靠"中制"这点薪水难以度日。大家商量后向厂方提出要求,如要调到"中万"希望答应三个条件:一、仍住上海不去南京;二、增加工资;三、不演"戡乱戏"(即反共的戏)。在骨干导演、演员不断离开,人心涣散的情况下,厂方答应了大家的要求,并用吃空饷方式给大家加了些工资。

在"中万"的一年里,赵抒音主要参演了三个话剧:《清宫外史》第一部、第三部和《红尘白璧》。他们在上海排戏,到南京去演出。《清宫外史》描写晚清以慈禧太后为首的后党与以光绪皇帝为首的帝党之间的斗争,通过统治集团内部的尖锐冲突,揭露清王朝的昏庸腐朽和必然崩溃。该剧在重庆就演出过,曾引起轰动。"中万"这次排演,请编剧杨村彬做导演,舒绣文、陶金、李纬、钱千里、宗由、寇嘉弼等担任角色。赵抒音扮演第一部《光绪亲政记》里的瑾妃、第三部《光绪归政记》里的珍妃。《红尘白璧》由团长王瑞麟导演,周彦编剧,以当代知识分子为题材,参加演出的有杨薇、寇嘉弼、钱千里等演员。赵抒音在剧中饰配角"戴妻"。

在赵抒音忙于排戏演出之际,她收到了父亲于1947年5月7日在开封因胃病去世的噩耗。

八、在"中制"重拍故事片,坚守上海等待解放

1947年秋,中国电影制片厂决定恢复拍故事片,将原先调至"中万"的人员又调回厂里,并开始筹拍《铁》。《铁》的剧本是周彦遵"中制"厂长罗静予之嘱编写的,其中有描写抗战胜利后国民党搞停工接收,以致矿场被破坏的情节。摄制时,新闻局

要求将此段情节改成是新四军破坏矿场致使停产，周彦严词拒绝，《铁》剧被迫停拍。

"中制"筹拍的第二部电影是《万象回春》，周彦仍是编剧，导演是汤晓丹。"中制"到外面去找明星来演男女主角，男主角找到穆宏。女主角起初找了陈燕燕等人，因要价太高没谈成，后来决定由赵抒音饰演剧中的蓝碧华。因为抒音的"抒"字有些人不熟，发行人员也提出名字不易叫响，因此演职员表上赵抒音用的名字是"舒音"。

《万象回春》于1948年秋拍摄完成后，"中制"安排赵抒音参演陈天国编导的《黑名单》。《黑名单》起初只有陈天国简单口述的剧本，大概说的是抗战时，国民党地下工作者同日本人斗争，盗取日军手中的黑名单的故事。听了介绍，赵抒音觉得这是"鬼打架"一类的片子，没有艺术性。而陈天国从来没导演过戏，在外面拍的也都是侦探拿贼类的趣味不高的影片。赵抒音不愿接该戏，便向厂里提出拒绝。但厂方说，目前找不到替换的人。赵抒音找到厂长袁留莘，袁强调赵已同厂里签了聘用合同，要赵必须接戏。虽然迫于压力参加了拍戏，但赵抒音心里始终不愿意。

该片开拍后，因剧本写不出，拍拍停停，到1948年底尚未拍完。赵抒音借口聘用合同期满和已有身孕拒绝继续拍摄。剧务科长代厂方找赵抒音，劝她拍完，并说："合同期虽满，你今后还可以是中制演员。"与陈天国合编剧本的"中制"演员周旭江也劝赵抒音说："《黑名单》拍完就可以售出，大家也可分到钱。如果因为你不拍大家拿不到酬金，都将恨你一个人。"但赵抒音早已后悔接拍该片，在丈夫的支持下，她仍坚持不拍。陈天国想找人代替，用拍背影的办法完成此片。但后来他剧本改不出来，拍出来的片子又实在接不上，《黑名单》遂不了了之。

1949年初，淮海战役结束，中国人民解放军解放了长江以北的广大地区。"中制"一时很混乱，在南京的不少工作人员纷纷跑到上海，上海的职员里也有一小部分人开始准备乘船去台湾。

编导周彦和演员陈青发起要拍一部戏，由同人组织，没有经费就自费拍，目的是占用器材不让搬走。他们约赵抒音参加，得到赵抒音的赞同。这部戏取名为《挤》，是刻画当时情况下小知识分子心态的。加入拍摄的演员还有陈青、宗由和外请的束夷、白荷（朱铭仙）等。事先讲好大家不拿车马费、夜点费，等戏拍完片子卖出后，再分酬劳。赵抒音一家1948年元月初已从金司徒庙搬至霞飞路霞飞坊（今淮海中路淮海坊）106号居住。为了节约时间和车费，拍片时她暂住厂里。戏拍得很快，仅两个月就完成了。但和客串的演员不同，赵抒音得到的酬劳少得可怜。当时通货膨胀严重，物价一日三涨，拿到钱后要赶紧上街换成银元或美元，赵抒音该片的报酬仅换回七八美元。据台湾一家报纸报道，1949年4月，人民解放军渡江南下，已下野的蒋介石决定离开待了三个月的浙江奉化溪口，先到上海再去台湾。动身前夕的4月24日，爱看电影的蒋介石看了《挤》，只是觉得"幼稚之至"[1]。

4月间，怀孕在家休息的赵抒音听到"中制"要迁往台湾的消息，同章超群商量后，他们决定请假不走，等待解放。章超群赶去"中制"请假，他在外搞戏剧，好久没回厂了。本来还担心假得不到批准，但厂里已是一片忙乱，头儿们自顾不暇，事情居然办得很顺利。

---

[1] 《蒋介石日常生活探秘》，载台湾《旺报》，2013年11月26日。

九、成为上海电影制片厂最早的演员之一

1949年5月27日上海宣告解放。上海军管会文教委员会接管了国民党在沪的一些电影企业。两天后，赵抒音等原中国电影制片厂的职工接到电话，通知到金司徒庙摄影棚听报告。会上，于伶代表军管会宣布：一、正式接管原中国电影制片厂，筹建新的上海电影制片厂；二、所有留下的员工都是革命队伍的成员，都要自觉改造自己的思想；三、自6月起按军管会新标准发供给制月薪，旧工薪制废除。然后厂里组织大家学习毛泽东的《新民主主义论》《论联合政府》和俞铭璜的《新人生观》等著作。

秋天，赵抒音生了她的第二个宝宝，是女孩，取名章依白。

1949年11月16日，上海电影制片厂成立，成员来自原上海各影业公司、原抗战演剧队和解放军文工团，于伶和钟敬之任正、副厂长。赵抒音成为上海电影制片厂最早的演员之一。

厂里继续组织大家分组学习。演员组被安排在建国西路的一座小洋房内，党支部书记是于伶的爱人柏李。他们学习了毛泽东的《在延安文艺座谈会上的讲话》《整顿党的作风》《改造我们的学习》和《反对自由主义》等文章。学习时间不长，却引发了原先仅带着求知欲和新鲜感去读文章的赵抒音的深深思考。她了解了文艺与政治的关系，懂得了演员工作的重要性和演戏的目的。她又如饥似渴地阅读了《论人民民主专政》等能找到的所有毛泽东的著作。虽然她还不能完全理解书中理论的深刻含义，但感到眼前出现了一个崭新的世界，她热爱、尊崇共产党和新的社会制度，她想改造自己的旧思想，投入全新的生活。她向组织提出入团申请。1949年年底，她被批准加入中国新民主主义青年团（中国共产主义青年团的前身，1957年改为现名）。三年后，她被推选参加了上海市第一次团代表大会。

1950年，赵抒音参加冼群导演的故事片《女司机》的拍摄，剧本是女作家葛琴根据全国著名劳模田桂英等人克服各种困难，掌握驾驶火车技术的事迹写成的。赵抒音扮演剧中的主角之一冯小梅。另一主角孙桂兰由上影演员、抗战时有重庆话剧界"四大名旦"之一美誉的舒绣文扮演。同厂演员组的孙道临饰演剧中的周技师。

1951年5月，全国文艺界开展了对电影《武训传》的批判和文艺整风运动。接着，上影厂的演员们纷纷下厂下乡。赵抒音来到国营上海第十七棉纺厂，和纺织女工们一起生活了九个月。

1952年，赵抒音接到拍摄由周伟导演的科教片《无痛分娩》的任务，饰演片中的产科医生。有趣的是，年初她刚在医院顺利诞下她的第三个宝宝——儿子章煌远。为了再次圆满完成"分娩"，她又去产科医院生活了两个月。次年2月，科学教育电影制片厂在上海成立，《无痛分娩》成为该厂出品的首部影片。

十、拍《妇女代表》：去农村女干部家体验生活

1953年9月，新成立的上海电影演员剧团开始排练两个话剧。赵抒音参加了其中的独幕剧《妇女代表》的排演。孙芋编剧的《妇女代表》讲述了解放初期，东北某农村青年妇女张桂容的故事。她带头参加生产劳动，积极参加社会活动。婆婆对她参加社会活动很不满意，产婆牛大嫂因她没收了自己的假药而有意见，丈夫王江在母亲的挑唆下以粗暴的态度威逼她辞掉所有职务。张桂容对此并不屈服，在翠兰的帮助下，通过说服、感化，终于使婆婆、丈夫及牛大嫂认识了错误，维持了家庭的团结和睦，为妇女争取了应有的地位。

赵抒音扮演的是主角张桂容。为了磨炼、提高演员表现工农

兵火热生活的能力，剧团组织五组演员同时排戏。其他几组中演张桂容的演员分别是王静安、张铮和束夷等。集体先对剧本进行分析和讨论，使演员对各自扮演的角色，以及剧中该角色同其他人物之间的关系有了初步的理性认识。然后，他们去上海郊区真如农村女干部沈美娣家里体验生活。

沈美娣很多地方与张桂容相像。沈有一个婆婆，这婆婆对新社会认识不足，但积极参加劳动。沈对待婆婆很好，可是在原则问题上决不让步。沈负责供应村托儿所阿姨的伙食，婆婆自然不愿意，而沈坚持这样做。演员们住在沈家，沈对大家的照顾也是无微不至的。体验生活的时间虽然不长，但赵抒音的收获却不少。后来她对采访她的《大众电影》记者说："沈美娣同志对我的人物创作起了很大影响，帮助很大，我就是从她身上具体地体会了桂容的思想感情。因此，我就更爱我的角色，也爱沈美娣这个活生生的桂容。"

剧组排戏时，对戏剧理论颇有研究的导演陈西禾认真细致，要求严格。一组在排，其余四组在旁边看，排完一段大家提意见。最后挑出最佳人选，参加北京会演。赵抒音觉得这样排戏比课堂上听课还要好，是在实践中学，很受教益。她的表演突破了旧的创作方法的束缚，得到大家的肯定。她去北京参加了会演。该戏又被搬上银幕，影片《妇女代表》中的桂容仍由赵抒音扮演。

有了《妇女代表》的表演经验，赵抒音接着又投入另一部展示农村新生活的故事片《不能走那条路》的拍摄，饰演的是善于做丈夫思想工作的团员秀兰。她在摄制组里也兼任青年团支部书记的工作。

《不能走那条路》的剧本改编自青年作家李準的同名小说。该片由1934年曾导演著名电影《桃李劫》的应云卫执导，于

1954年上映。这年，赵抒音还参加了张客执导的描写炼钢工人努力增产的故事片《伟大的起点》的拍摄。她饰演炼钢厂厂长李勇华的妻子。

1955年，赵抒音受演员剧团的委派，和莫愁、谭云到中央戏剧学院华东分院（次年改名为上海戏剧学院）讲授了一学期的台词课，后又去上海第三钢铁厂生活了四个月。次年春天，她又生下第四个宝宝——儿子章耀远。

赵抒音在上影厂拍摄的第三部农村题材的故事片是《小白旗的风波》。这部通过农业合作社的生产竞赛，塑造一位女副社长先进形象的影片，由高衡导演。参加摄制的演员有蒋天流、李纬、吴茵等。赵抒音饰演影片中凤芝一角。

1957年4月，为了加强竞争，提高文艺工作者的创作积极性，上海电影厂改组为上海电影制片公司，设立了江南电影制片厂（厂长应云卫）、海燕电影制片厂（厂长沈浮）、天马电影制片厂（厂长陈鲤庭）、上海美术电影制片厂（厂长特伟）、上海电影译制片厂（厂长柯岗）等单位。赵抒音被分配到海燕电影制片厂工作，丈夫章超群则在美术电影制片厂工作。

十一、不该被抛弃的《谁是被抛弃的人》

1956年9月，中共第八次代表大会正式确认"百花齐放，百家争鸣"为党的文艺方针后，电影界出现了一系列改革调整的新气象，除了电影管理体制进行改革外，电影创作的题材和表现方法也有很大拓展。一些反映社会负面现象的剧本，如揭示干部的官僚主义、主观主义、阿谀奉承等作风，揭示某些领导生活特殊化、蜕化变质等的题材，列入了拍摄计划。

1957年赵抒音参加拍摄的影片《谁是被抛弃的人》，就是这类新选题。剧本由作家孙谦据自己的小说《奇异的离婚故事》改编。大致剧情是：某机关办公室主任于树德用欺骗的手段获得年轻漂亮又有文化的姑娘陈佐琴的纯真爱情。但在乡下，于树德已有妻子和两个可爱的孩子。他妻子杨玉梅的来信碰巧被怀孕的陈佐琴发现，陈佐琴知道自己受了骗，激愤地质问于树德。于树德为了保全自己的名誉和地位，公然提出与自己结婚十多载并曾救过自己性命的杨玉梅离婚。杨玉梅十分悲痛，但当她知道了于树德的卑鄙用心后，十分鄙视他污秽的灵魂，毅然答应和他离婚。陈佐琴经过组织上的帮助，认识到自己的错误，将于树德告到法院。最后，于树德众叛亲离，成为被社会抛弃的人。

该片由黄祖模导演，男主角于树德由李纬扮演，女主角杨玉梅由赵抒音扮演。参加演出的还有宏霞、铁牛和仲星火等海燕厂演员。开拍前，赵抒音到河北邯郸农村去体验生活一个月。

影片摄制过程中，一场大规模的"反右"斗争在全国展开。上半年党内整风运动中响应大鸣大放号召，给领导和党提出尖锐批评的一批知识分子，被错误地打成向党进攻的"右派"。有的

1957年赵抒音在电影《谁是被抛弃的人》中饰演杨玉梅

埃及电影代表团参观《谁是被抛弃的人》的拍摄现场，并与演员合影

单位为了完成把百分之五的工作人员划为"右派"的指标，甚至将没有什么过激言论的人也定为"右派"。在上海电影界，著名导演吴永刚、应云卫、白沉、石挥，著名演员吴茵等59人被错划为"右派"。赵抒音的二姐夫李寿松也被戴上"右派"的帽子。在上海人民艺术剧院当演员的章曼苹，因心直口快，运动初期就被打成"右派"。一旦成为"右派"，大都被停止专业工作，降薪降职，还被安排去参加体力劳动，改造思想。处分严重的，甚至被开除公职。

《谁是被抛弃的人》于1958年初摄制完成。影片在内部放映后，立即遭到批判。当年11月出版的《中国电影》杂志上《作家与"忘本"——评电影片〈谁是被抛弃的人〉兼电影剧本〈探亲记〉》（署名耿西）一文对该片大加挞伐，称此片"直接攻击党和新社会，反对党的领导"。"作者在这里所描写的，实质上不只是一个坏蛋于树德，而是针对整个的党，把共产党员污蔑为衣冠禽兽。"文化部电影局副局长陈荒煤在12月2日《人民日报》发表《坚决拔掉银幕上的白旗》一文，文中再次提到此片："比如《谁是被抛弃的人》，完全歪曲了我们的生活环境，于树德这个在新社会为非作歹的坏人，简直如入'无人之境'，影片根本没有表现党和群众对他的斗争，它给人的印象只是老党员、老干部进了城，当了领导，就都变质了。这是对党的攻击和污蔑，而通过人物形象，通过所渲染的城市物质生活，把城市和乡村，干部和群众夸大地对立起来。"于是，《谁是被抛弃的人》被"枪毙"（文化艺术界行话，指审查未通过）。同时，上影厂摄制的《秋翁遇仙记》，江南电影厂摄制的《不夜城》《护士日记》《乘风破浪》，天马电影厂摄制的《雾海夜航》《情深谊长》，海燕电影厂摄制的《洞箫横吹》等二十多部故事片均被作为"白旗"点名批判，有的停止上映。直到五十多年后，《谁是被抛弃的人》才以光盘的形式公开发行。

"反右"斗争尚未平息，在"拔白旗"的同时，电影系统响应中央的号召，开展电影创作生产的"大跃进"，提出1958年全国电影厂年产大型艺术片八十部（是1957年产量的两倍）以上，摄制时间缩短三分之一以上，"省有制片厂，县有电影院，乡有放映队"等高指标。"反右"中差点被划为"右派"的陶金，在支援兄弟厂的口号下，被调往新建的武汉电影制片厂，1959年举家迁去了武汉。

十二、《今天我休息》：五十多年后仍被誉为经典

电影厂搞"大跃进"时，在领导的提倡和培植下摄制了一批"纪录性艺术片"。赵抒音参加拍摄的由赵丹导演的《常青树》就是这类影片。该片剧本依上海某钢铁厂的真事改编而成。老工人

洪师傅由魏鹤龄扮演。赵抒音扮演洪师母，这是她第一次在银幕上饰演老太太，当时她才三十五岁。四年前拍《不能走那条路》时她就同魏鹤龄合作过，魏演剧中的主要角色宋老定，赵演他的儿媳。魏鹤龄以饰演社会底层人物见长，在《马路天使》《乌鸦与麻雀》和《祝福》等影片中的出色表演，给观众留下了深刻印象。

1958年，赵抒音参加拍摄的以"大跃进"为题材的影片还有两部。一部是《大跃进中的小主人》，为天马厂投拍的儿童故事片。全片由四个小故事组成。赵抒音参演的是其中由谢晋导演的《小气象台》。另一部是舒适导演的《海上明灯》，赵抒音主演工人王海海。后一部影片拍完后，与当年拍摄的许多同类题材影片一样，没有公映。这年，赵抒音还在沈浮导演的我国第一部宽银幕立体声故事片《老兵新传》中演了一点戏。

1959年春节刚过，赵抒音接到拍摄传记故事片《聂耳》的任务，扮演剧中的女工江嫂。饰演聂耳的是曾主演《十字街头》和《马路天使》的赵丹。在影片《南征北战》和《家》中有出色表演的张瑞芳饰演剧中的郑雷电。该片的导演是曾执导《一江春水向东流》和《乌鸦与麻雀》的郑君里。郑君里不但有丰富的表演和导演经验，而且刻苦钻研艺术理论。初二就辍学的他，曾一边自学英文，一边翻译了波里斯拉夫斯基的《演讲六技》，后又通过俄英词典翻译了俄文版的斯坦尼斯拉夫斯基的著作。同这些大艺术家一起工作，赵抒音收获很多。

湖南女导演朱祺瑞来上海学习斯坦尼斯拉夫斯基表演体系，也参加了《聂耳》摄制组的工作。郑君里让赵抒音一边向朱祺瑞学习，一边协助朱祺瑞按照斯坦尼斯拉夫斯基的方法，对刚从市工联文工团调到海燕厂的青年演员进行基本训练。

10月，赵抒音参加了喜剧片《今天我休息》的拍摄。该片编剧为李天济。剧情大意是：派出所所长的爱人姚美贞给民警马天民介绍对象——邮递员刘苹，让马天民休息日去会面。赴约途中，马天民帮助一老农救了掉在河里的小猪，接着又送一个得了急病的小孩去医院，并把一只被遗失的钱包送还失主，因而时间一误再误，到刘苹家时天已黄昏。刘苹以为他没诚意，没想到他帮助的那个老农民就是刘苹的父亲。刘苹知道了马天民失约的原因，喜欢上了这个质朴憨厚的民警。

该片导演为鲁韧，赵抒音扮演女主角刘苹，男主角马天民由仲星火扮演。《今天我休息》是仲星火主演的第一部影片，他朴素自然又吻合角色气质的表演，把马天民的形象塑造得丰满生动。

在"大跃进"的形势下，摄制组按"多、快、好、省"的原则昼夜赶拍。戏服向派出所和邮政局借，演员服装费仅用了十七元，总制作成本只有七万元。摄制周期也很短。影片上映后，受到广大观众和舆论的一致好评。马天民成了人人赞誉、家喻户晓的人物。至今仍不断有观众在网上发表感想，说这部电影很可爱，有朴素的美感，是一部真诚的电影，称得上是经典。该片还突破了公安题材影片仅叙述侦破案件的老套路，"反映人民警察的真实生活，为他们树立了一个平凡而又富有光彩的艺术形象——也是

1959年赵抒音在电影《聂耳》中饰演江嫂

1959年赵抒音在电影《今天我休息》中的剧照（左二）

学习的好榜样"，这也受到公安部门领导与广大干警的喜爱。

"大跃进"的年代，电影厂里异常忙碌。赵抒音在1958年和1959年两年里，参加拍摄了八部影片，并到工厂、邮局、里弄体验生活，参加了话剧《啼笑之间》等的演出，参与了方言故事片《三个母亲》、西班牙故事片《影子部队》和《保护牙齿》等科教片的配音工作，去工厂、部队演出（仅1958年就演了102场小戏），到工人俱乐部辅导业余剧团，还写大字报……1958年9月21日和26日，在市里安排的接待工作中，赵抒音两次光荣地见到了毛主席。

其丈夫章超群工作也很忙，时常出差。1960年3月，上海电影科技研究所和上海科教电影制片厂联合试制成功我国第一部彩色立体纪录片电影《青春的旋律》后，5月1日，上海东湖电影院改建成国内第一家彩色立体电影院。9月29日，由章超群导演兼摄影的中国第一部立体木偶片《大奖章》在美影厂拍竣。立体木偶片的摄制以后再无人尝试，此片成为我国唯一的一部立体木偶片。1960年9月，由章超群、岳路、万超尘导演，章超群摄影的木偶片《雕龙记》，荣获布加勒斯特国际木偶影片及傀儡戏木偶片二等银质奖章。

十三、拍《李双双》：向张瑞芳学习的好机会

1961年，赵抒音接到拍摄故事片《李双双》的任务。该片由李準依其小说《李双双小传》改编。

《李双双》的剧情是：在北方某农村，妇女队长李双双天生性格爽直泼辣，长着一张快嘴，最爱管"闲事"，常与自私落后现象作斗争，一些有私心的人都忌惮她三分。她的丈夫孙喜旺恰与她相反，憨厚朴实，讲情面，怕得罪人，遇到双双管"闲事"与人吵嘴，他往往不顾是非曲直就出面向人赔不是。孙喜旺当了记工员，和副队长金樵、落后农民孙有营私舞弊，多记工分，被

1961年赵抒音与电影表演艺术家张瑞芳联袂出演电影《李双双》时的剧照

李双双揭发。孙喜旺一气之下离家去搞运输。孙有夫妇为女儿桂英在城里说了亲,桂英不愿意,李双双帮助桂英,受到孙有婆婆的怒骂。秋收时节,孙喜旺看到生产队在李双双的领导下获得丰收,主动回家团聚,并揭发金樵、孙有搞运输贪污的事。夫妻俩言归于好更加恩爱。

该片导演为鲁韧,李双双由张瑞芳扮演,孙喜旺由仲星火扮演,赵抒音饰演李双双的邻居大凤。在《李双双》中,张瑞芳与角色浑然一体,演得性格鲜明,毫不雕琢。赵抒音在重庆时就看过张瑞芳的戏,1951年张瑞芳调入上影厂后,两人相识。这年赵抒音一家从重庆南路搬至衡山路集雅公寓,不久,张瑞芳夫妇也入住集雅公寓,两家成了一墙之隔的邻居。拍《聂耳》时两人合作过,赵抒音深感张瑞芳表演很有经验,创作上很爱钻研,又是老党员,人品好,是自己学习的榜样。她很尊敬这位大姐,创作上有困难时向她请教,还曾提出要拜她为师。

《李双双》上映后好评如潮。1963年第二届百花奖评选中,《李双双》获最佳故事片奖,李準获最佳编剧奖,张瑞芳获最佳女演员奖,仲星火获最佳男配角奖。

十四、拍《金沙江畔》:顾全大局,责任心强的演员

1963年秋,赵抒音到医院检查,发现子宫有个肿块,决定立即动手术,住院手续已办妥。这时,她接到《金沙江畔》摄制组提前一个月去四川拍外景的通知。外景地选在当年红军长征时经过的大雪山脚下,那里海拔高,空气稀薄,冬季气温摄氏零下二十度,生活条件也差。要在这样的地方拍三个多月外景,鉴于赵抒音的特殊情况,导演傅超武准备临时更换演员。但赵抒音不同意,她坚持先公后私,推迟了手术,随摄制组一同前往四川阿

坝藏族自治州，在马尔康、刷经寺一带拍外景。她克服身体不适的困难，圆满完成了任务。导演因此很感动，夸奖赵抒音顾全大局，责任心强。赵抒音还同剧组演员一起演出多场小戏慰问当地驻军，与军区的同志结下了深厚的友谊。

赵抒音在《金沙江畔》饰金明的妹妹、红军军医金秀。参加演出的演员有冯喆、张伐、曹雷、崔超明等。电影史学者孟犁野认为，《金沙江畔》是一部将少数民族风情、革命历史与惊险元素融为一体的影片，"戏剧冲突尖锐，情节紧张"，有些场面"描绘细腻""极为感人"。[1]

1964年初，赵抒音在上海中山医院顺利地做了子宫手术。康复后不久，她就参与拍摄了反映当代青年生活的励志影片《年青的一代》。这时传来了由章超群、虞哲光导演，章超群摄影的木偶戏艺术纪录片《掌中戏》在第十三届墨尔本电影节上获优秀奖的喜讯。从改行木偶片摄影以来，章超群除拍摄了我国第一部彩色木偶片、第一部真人与木偶合成的影片和第一部立体木偶片外，还拍摄了提线木偶片《和平鸽》（1950年），关节木偶片《粗心的小胖》（1955年）、《一个新足球》（1957年）、《三毛流浪记》（1958年）等，杖头木偶和布袋木偶戏艺术纪录片《中国的木偶艺术》（1956年）、《并蒂莲》（1958年）、《大名府》（1962年）等，以及艺术纪录片《石湾陶瓷艺术》（1964年）等。他不断钻研新的方法，掌握新的技术，开拓我国木偶片艺术的新形式、新领域。

1965年，赵抒音接拍了反映当代城市新风尚的《柜台》和《这是我应该做的》两部影片。5月，她在海燕厂参加"四清运动"。赵抒音和全厂职工向组织书面交代自己有问题的历史和社

〔1〕 孟犁野：《新中国电影艺术史（1949—1965）》，中国电影出版社2011年版。

会关系。这年10月至次年春天，赵抒音和厂里的其他几位同事被编入中共华东局组织的社会主义教育工作队，到山东临沂农村搞"四清"。

十五、在"文革"的高压下：一家六口有五人去了农村

从1964年下半年起，各报刊对一些影片和戏剧展开了批判。随着时间的推移，被批判的文艺作品越来越多，批判的口气也越来越重。1966年6月1日，《人民日报》发表《横扫一切牛鬼蛇神》的社论，"文革"在全国上下全面展开。被"修正主义文艺黑线"统治的电影系统所遭受的冲击尤烈。创作生产全都停止，著名的编、导、演、摄等创作人员一个个不断被揪出来参加批判斗争。被戴上的"帽子"有"反动学术权威""文艺黑线干将""反党反社会主义的牛鬼蛇神"等。6月，和赵抒音同住集雅公寓的海燕厂导演徐韬投钱塘江自尽。不久，曾执导影片《不能走那条路》的应云卫在批斗中被害。夏天，章超群在美影厂被贴大字报并挨批，不久受到组织审查，进"牛棚"写罪行交代、揭发材料。家被抄了，工资从179元降到36元。

赵抒音在"文革"初期尚未受到冲击，但也被降了薪。作为革命群众的一员，她参加了厂里的群众保守组织，参加了"毛泽东思想宣传小分队"的演出，不久退出。1967年11月，各文艺单位开始"清理阶级队伍"，凡是从旧社会过来的知识分子、干部都被视为有叛徒、特务、反革命的嫌疑而进行严格政审。赵抒音因曾入二十集团军妇宣队和中国电影制片厂而受到审查，被命令写详尽的个人历史交代和自我罪行材料，并被批斗和监督劳动。在政治高压下，她精神一度很低沉，甚至有自杀的念头。章超群在美影厂的境遇也越来越糟。但他生性乐观坚强，在厂里受

的屈辱痛苦从不带回家里。他让女儿陪着母亲睡在一起，渡过人生的难关。空气越来越紧张，赵丹、郑君里、张瑞芳……甚至被关进了监狱。张瑞芳1938年就加入了中国共产党，在重庆时，曾在周恩来的直接领导下开展工作。连她都被关押，赵抒音对这场运动越来越难以理解。

1968年9月，工宣队和军宣队进驻上海电影系统，实行全面领导。1969年11月，赵抒音和各电影厂职工被送到郊区奉贤县东海滨的"五七干校"，边劳动改造边搞"斗、批、改"运动。在此之前，她的三个子女已下乡：老三煌远1968年10月作为初中毕业生，被分配到江岛崇明的农场工作；老大辉远1969年1月从上海科技大学毕业，到江苏吴江的军垦农场劳动锻炼；女儿依白1969年3月作为高中毕业生，被分配到黑龙江嫩江的农场工作。"五七干校"的工作五花八门，有种庄稼、种菜、养猪、盖房子、烧锅炉等等。赵抒音被安排在托儿所小班做保育员。托儿所的活虽然没有大田上的活吃重，但小班都是一岁半以下的婴幼儿，工作较繁杂。保育员们形容自己的工作是："尿布嘛汏煞，辰光嘛拖煞，哭声嘛闹煞，工作嘛累煞，小囡生病急煞，家长意见出来气煞！"但对已是四个孩子母亲的赵抒音来说，这比在厂里边交代自己的问题边被监督劳动要自在得多。她很快熟练了照顾婴幼儿的方法，并摸出一套规律。在"干校"活学活用毛泽东哲学思想讲用会上，她还代表托儿所工作人员，作了用辩证法思想指导保育工作的发言。

1971年的一天，"干校"的全体大会宣布了审查赵抒音历史问题的结论：属于敌我矛盾性质，按人民内部矛盾处理。自打被审查后，赵抒音就仔细地回忆，详细地坦白，多次向组织交代了自己在旧社会的历史和社会关系，相信组织会给自己客观公正的评价。她从未想到自己的问题会"属于敌我矛盾性质"，为此背上很大的思想包袱。对她历史问题的错误结论，直到1976年粉碎"四人帮"后，组织上才给予彻底纠正。赵抒音是"清理阶级队伍"后，上海电影系统最早得出审查结论和宣布处理意见的几个对象之一，组织上很快就让她回厂参加话剧《赤脚医生》的排演。

十六、拍《赤脚医生》和新版《渡江侦察记》

《赤脚医生》是上海电影制片厂青年演员曹雷和两位青年编剧创作的，剧本歌颂农村的赤脚医生这一新生事物，由鲁韧、颜碧丽、梁廷铎导演，主要演员有曹雷、达式常等。在排练和演出过程中，上海主管文教的市革委会副主任徐景贤，多次指示要强化赤脚医生与"走资派"和"反动学术权威"的斗争，要突出阶级斗争和路线斗争。话剧于1972年公演后，开始改编为电影剧本。徐景贤等人又一次次对电影剧本"动大手术"，把作品的主题从全心全意为人民服务改成向"走资派"夺权。到1974年年中，剧本已改了八稿，片名改为《春苗》。摄制组随即成立，导演由谢晋挂帅，主要演员有李秀明、冯奇、达式常等。赵抒音饰演剧中的小龙奶奶。1975年10月影片上映后，各大报刊都刊发吹捧文章。因为该片为"四人帮"的阴谋政治服务，"文革"结束后被禁映。

在拍摄《春苗》前，赵抒音参加了重拍影片《渡江侦察记》的工作。因为"文革"后故事影片的创作拍摄全部停止，为满足人民文娱生活的需要，1973年，周恩来总理开始着手处理电影生产问题。要拍故事片，一时没有合适的剧本，时任中央组织宣传组副组长的政治局委员江青在一次会议上说："如果实在找不到好题材或好剧本，过去拍过的《南征北战》可以重拍。"当时担任中央组织宣传组副组长的上海市委第一书记张春桥回上海后说，既然北京可以重拍《南征北战》，我们上海也可以找过去好的片子重拍。但找来找去只看中一部《渡江侦察记》。〔1〕《渡江侦察记》是上影厂1954年摄制的受到广大观众喜爱的优秀故事片。重拍一是把原来的黑白胶片换成彩色胶片；二是要按样板戏的"三突出"原则创作。"三突出"原则指文艺作品创作要在所有人物中突出正面人物，在正面人物中突出英雄人物，在英雄人物中突出主要英雄人物。这一模式被强调为"文艺创作塑造无产阶级英雄人物必须遵循的一条原则"，成为"文革"后期衡量文艺作品优劣的标准。

新版《渡江侦察记》由汤化达导演，该片原来的导演汤晓丹当顾问，主要演员有王惠、吴喜千、张金玲、陈述等。赵抒音扮演剧中的陈老奶奶。在乘火车去皖南拍外景时，火车急刹车使赵抒音的腰部被撞伤，一时行动困难。为了保证工作进度，她发电报叫小儿子到外景地，天天搀着她去拍摄现场，坚持完成了外景的拍摄。江青看了样片提了一个意见："赵抒音的老奶奶面孔化妆还可以，手就显得太胖太年轻。"〔2〕为使自己的形象更接近影片中的贫苦老奶奶，赵抒音开始节食，她的体重一时减轻了不少。摄制组同事被她的敬业精神所感动。

新版《渡江侦察记》于1975年年初上映。当时"文革"前生产的绝大多数故事片、翻译片被禁，而新摄制的故事片又寥寥无几，因此该片一时吸引了大量的观众。网友"相州府"回忆说，该片中陈老奶奶的那句台词——"这群不得好死的，有朝一日，等我们的人过来了，剥你们的皮，抽你们的筋！"可是学说了好久呢。网友"六十年代人"也提及最先是在1974年版《渡

〔1〕 夏瑜、蓝为洁：《影像为语长乐翁·汤晓丹》，上海锦绣文章出版社2012年版。
〔2〕 同上。

江侦察记》中认识赵抒音的，并且也对这句台词津津乐道。[1]

1976年，赵抒音接到拍摄影片《朝霞异彩》的任务。《朝霞异彩》说的是华北山区一群少年儿童，在大队党支部的领导下建立气象哨，为农业生产服务的故事。作品生活气息较浓，但创作于"文革"时期，内容难免带有当时的"极左"思想。该片导演为王洁和中叔皇，演员有梁锦杨、马文庆和第一次在影片中担任主要演员的潘虹等。摄制组到河北邯郸市西部山区涉县拍外景。影片杀青于1977年，此时"文革"刚结束，该片因有涉及"走资派"的内容，审查未通过。

十七、创作的"第二个春天"

"文革"结束后，中国的电影工作者迎来了创作的"春天"。1979年，赵抒音除了参与拍摄以唐山大地震为背景的故事片《蓝光闪过之后》，还在"文革"后上海摄制的第一部彩色电视剧《玫瑰香奇案》中扮演了角色。当时电视文艺节目很贫乏，外国的电视连续剧唱了主角。根据真实案例改编的刑侦电视剧《玫瑰香奇案》，情节曲折紧张，当年"五一"劳动节在上海电视台播放后立即引起轰动。而当年开拍的描述研究海洋生物的老教授"文革"中遭遇的短故事片《我们的小花猫》，是上海电影制片厂中年导演吴贻弓独立执导的第一部影片，诗化的叙事方式和散文似的结构，使该片在国产影片中独树一帜。赵抒音饰演剧中一个孩子的奶奶。有网友认为《我们的小花猫》是"最美的中国儿童电影之一"。此影片获文化部颁发的优秀青年创作奖。

---

[1] 新浪博客红色经典咖啡屋之博文《上影演员赵抒音》中"相州府"和"六十年代人"的评论，2012年。

1980年是赵抒音极其忙碌的一年，她分别在上海电影制片厂摄制的故事片《海之恋》《飞吧，足球》和《爱情啊你姓什么》中扮演角色。《飞吧，足球》是我国第一部以足球运动为主题的故事片，导演是鲁韧。《爱情啊你姓什么》的编剧李天济与鲁韧同龄，年轻时当过演员，干过剧务，1947年写的剧本《小城之春》由导演费穆搬上银幕后，引起影坛较大轰动，1980年被海外影评家评为中国电影十大名片。赵抒音参演的影片《这是我应该做的》和《今天我休息》的剧本也出自他的笔下。《爱情啊你姓什么》的导演颜碧丽是赵抒音二十多年的老同事，两人在《激流》《今天我休息》和《春苗》摄制组一起搞过创作。她比赵抒音年轻五岁，中学毕业后曾在电影院做票务员，利用职业之便，偷学表演技艺，刻苦自励，不久走上演出舞台。中华人民共和国成立后，她先在“上影”任场记，后任助理导演、副导演和导演。在创作和生活中她乐于助人，所拍影片手法细腻，人物个性鲜明。和老同事、老朋友一起拍戏，赵抒音工作虽忙但很愉快。

　　1982年，赵抒音应河南电影制片厂之邀，参加了该厂的第一部彩色故事片《小城细雨》的拍摄。能为家乡的电影事业尽心出力，是她的心愿。11月10日，《小城细雨》摄制组到开封，在龙亭公园、相国寺、搪瓷厂、马道街和新丰胡同等处拍外景。赵抒音等受到故乡人民的热情欢迎，新丰胡同的居民烧水送茶，积极协助剧组拍摄。赵抒音回家探望了时常想念的哥哥、嫂嫂等诸多亲友。多年没有回老家了，赵抒音此行受到哥嫂等亲朋好友的殷勤款待和大力帮助。

十八、退休后的生活：继续发挥余热

1984年6月，赵抒音办理了退休手续。出于对影视艺术的热爱，她退而不休，继续发挥余热。1985年，她参与拍摄了珠江电影制片厂摄制的影片《公寓》和渤海影视公司摄制的影片《留在海边的脚印》；1986年，她在江苏电视台投拍的电视连续剧《在水一方》中扮演角色；1987年，她出演潇湘电影制片厂的故事片《业余警察》……

退休以后，赵抒音在家的时间多了，她承担起家中的大部分家务，烧饭、洗衣、打扫、缝补……年轻时，她孩子多，又常常出差，有时连续几个月拍外景，家里请了保姆料理家务。但1966年"文革"开始后，家里就再没请过保姆。作为北方人，她做的面食种类多而可口。长期在南方生活，她又学会了做美味的南方菜肴。家里洗衣物的活，只要她在家，总是被她包揽。"文革"前，赵抒音是文艺九级，章超群是文艺六级，两人月工资合起来有296元，当时收入算较高的，但那时拍片是没有额外报酬的。而家里有四个孩子，需请保姆，房租每月36元多，日常用度并不十分富裕。赵抒音虽然是全国知名的电影演员，但同广大中国劳动妇女一样，克勤克俭，勤俭持家。孩子的衣裤破了，她来缝补。她有一手漂亮的编织手艺，家里每个人都穿过她手织的毛衣、毛背心。女儿依白印象极深的是：1969年她将赴黑龙江农场工作前夕，因给的准备时间太短，母亲连赶三个通宵，缝制了一套新棉衣棉裤，让她穿在身上奔赴冰天雪地的北国。

章超群1987年也退休了。在此之前，他患了哮喘，时常发作，随着年龄的增长、体质的下降，后来又有了肺心病。陪老伴上医院看病和开药，照顾他的饮食起居，提醒他按时服药……赵抒音做得分外周到、妥帖。章超群爱好旅游，从艺以来的走南闯北使他几乎跑遍了大半个中国。1996年6月，章超群、赵抒音夫妇赴日本看望小儿子耀远，在东京、筑波等地作了一次愉快的旅行。次年9月，赵抒音又陪同老伴去香港，探望一直关心着他们的二姐章曼苹和外甥陶令昌。

空闲时她陪老伴观看电视剧和电影，一来欣赏和学习，二来了解影视创作的发展现状。赵抒音有睡前阅读的习惯，退休后，家里的藏书不够读，她让在出版社工作的儿子煌远借来大量文学书籍和期刊，这使她成为家中阅读中外文学作品数量最多的人。她的另一个喜好是养猫，家里养了两只长毛安卡拉猫。著名越剧表演艺术家傅全香准备拍摄戏曲电视剧《人比黄花瘦》时，需要物色一只漂亮的长毛猫，赵抒音听说后，把自己的一只小猫送给了傅全香。

1996年，赵抒音参加了《今天我休息》的续集电视剧《今天我离休》的拍摄。剧情是老民警马天明这天就要离休了，但他仍然闲不住，街道、里弄、车站、医院，哪里有事哪里就有他的身影，依然用他的热情、诚恳、厚道感动着周围的人。该剧编导为江平，演员大都为1959年拍《今天我休息》时的原班人马：仲星火仍饰马天明，赵抒音仍饰刘苹，姚美贞仍由马骥演，强明仍演老所长，陈述仍扮王师傅……令赵抒音感动的是，扮演剧中刘苹父亲的李保罗，虽已八十五岁高龄且双目失明，仍在家属的陪伴下坐轮椅来参加拍摄。赵抒音与李保罗继在《今天我休息》里演一对父女后，又在《李双双》《这是我应该做的》等八部影片中合作过，结下了深厚的友谊。当年没有参与《今天我休息》拍摄的上海电影制片厂和上海人民艺术剧院的老演员乔奇、路珊、梁波罗等也积极参加了摄制。之前赵抒音约有四年没有拍戏了，同这么多老同事、老朋友碰面，并在一个摄制组拍戏，她感到十分难得，心情很激动。电视剧《今天我离休》播出后，观众反响很好。有人在网上发表观后感说："看着这部电视剧，听着熟悉的音乐，再看看众星云集的强大演员阵容，就知道什么是经典了！一部小制作电视剧，何以能聚起如此多的上影厂老演员出演，本身就说明了《今天我休息》留给人们的美好回忆，为'经典'二字做了最好的诠释。"[1]1997年，该剧获第17届电视飞天奖短篇电视剧三等奖。同年，赵抒音因为曾出演模范民警马天民的老伴，被上海徐汇区公安局治安支队特聘为"警风警纪监督员"。

24集电视连续剧《越活越明白》是赵抒音出演的最后一部电视剧。该剧讲述的是上海一座老式石库门小楼的几户人家，在拆迁前最后365天里的故事。剧里讲的都是普通人家的平凡小事，但却感人肺腑。导演是曾执导《留在海边的脚印》的吴培民。根据剧情的需要，邀请的演员大都是常演小人物的朱旭、牛振华、李立群、王频、张文蓉等，赵抒音饰演剧中的好婆。《越活越明白》开拍于2001年春，这时七十八岁高龄的赵抒音已发生过脑梗阻，导演照顾她，拍戏时叫摄制组派车接送，并对她说，拍戏时台词记不起没关系，只要意思表达对就可以了。但赵抒音仍然以极其认真的态度，努力记住每一句对白，塑造好剧中的角色。有观众看了该剧后，认为她演得真实、自然，"使人以为她就是上海那座老式石库门里的孤老好婆"。

2000年，赵抒音有过一次程度较轻的中风。2001年，她再次中风，这次脑中风使她一时连家里人的名字都想不起来。经过治疗，身体渐渐好转，记忆也有所恢复。2002年10月8日，也就是《越活越明白》在上海首播第五天时，已近八十岁的赵抒音因第三次中风抢救无效逝世。

---

〔1〕 中国配音网论坛·974y 的帖子《沉痛悼念仲星火》。

十九、从艺经验的总结

自打十五岁离家参加妇宣队，赵抒音从演街头活报剧到演话剧，再从拍电影到拍电视剧，六十多年来她喜爱的演出工作和表演艺术始终伴随着她。她追悼会的挽联是"影视终生越活越明白，辛劳一世今天我休息"（宓子献题），用她的两部主要影视作品的名字巧妙幽默地形容了她的一生。赵抒音的家属将她的骨灰安葬在位于市郊青浦的人文纪念公园福寿园中的钟灵苑。这里绿草如茵，流水潺潺，环境十分优美。安葬在钟灵苑的都是已故上海文艺界的知名人士，如戏曲界的扬正雄、童芷苓等，电影界的老前辈阮玲玉、张慧冲、万籁鸣等，更有许多赵抒音在上海电影制片厂时的老同事老朋友，如沈浮、上官云珠、黄绍芬、金焰等。赵抒音和丈夫章超群合墓而葬（章超群逝世于2006年），墓穴的大理石盖板上镌刻了他们的子女献给父母的两句话："音声相和，斐然成章。"上句语出《老子》，是对父母感情生活的描述；下句语出《论语》，是对父母艺术成就的概括。遒劲有力的楷体字由作家潘军书写。

赵抒音从影以来共参加拍摄了近五十部影视作品，其中大多扮演的是配角，有的是只有几个镜头的跑龙套角色。但她演戏从不挑肥拣瘦，更不争名夺利。她始终记着拍第一部电影时导演史东山的这句话："电影摄制是集体的共同劳动，任何一环有了问题都会影响整体。"不论是主角还是配角，戏多还是戏少，她都全身心地投入。历史因素和社会环境使她未能在艺术院校学习，她的表演技巧完全靠自学和在实践中摸索。赵抒音对拍戏的准备工作非常认真。她有写创作笔记的习惯，每当接到任务后，总是反复阅读剧本，把故事情节、发展脉络、人物关系、性格特点、心理活动、动作细节，一一写在笔记本上，然后默默思考。在给角色设计表情和动作时，连做家务也心不在焉，常常发愣、走神、闹笑话。晚上躺在床上也在构思，如果有了创作灵感，深更半夜就爬起来记笔记。提前做好功课是为了拍戏时胸有成竹。因此她被鲁韧导演赞为"让导演省心、放心的演员"。

赵抒音曾把自己从艺的经验总结为以下几点：

（一）生活是创作的源泉，没有生活就没有创作。这一点是我时常提醒自己要牢记的。有机会要深入生活，积累生活。平时要努力观察生活，从演员的角度去吸取营养，并把观察到的有价值的片段记录下来。

（二）要善于学习。影视演员不但要观摩大量影视和话剧作品，还需要观摩各类戏曲作品。要广泛浏览古今中外各类文学作品，学习政治、哲学和其他社会科学知识。

（三）要塑造好一个角色必须要付出艰苦的劳动，要肯花工夫。我在拍《妇女代表》和《谁是被抛弃的人》两部戏时，因为在准备工作阶段花了大量工夫，相对而言，表演时人物的动作表情就比较细腻、合理、接近真实。

（四）表演时必须要有激情，角色喜则喜，角色悲则悲。这时一定要排除理性去表演。不论什么角色都要靠感情来打动观众的心。当自己缺乏激情时，一定要用科学的方法去培养、激发。有了激情，戏才能有火花，才能感人。

（五）去掉私心杂念，要培养表演的自信。表演时缺乏自信是抓不住观众的。

（六）一定要忠于艺术，而不是忠于艺术中的自己。

赵抒音演过火车司机、农村妇女代表、邮递员、红军军医……从年轻时扮村姑，到晚年时演老奶奶，塑造了四十多个性格鲜明、栩栩如生的妇女形象，并形成了朴素、自然、大方的表演特色。在博主"红色经典咖啡屋"的新浪博客里有《上影演员赵抒音》一文。网友"六十年代人"读后说，赵抒音的表演"朴实自然，令人回味"。网友"sjt1967"说："看了老片子，我喜欢她演的角色，朴实自然，内敛真切。"网友"gllld"说："印象最深的就是《今天我休息》《李双双》，向老演员致敬！"网友"孙谦家乡人"写道："人民怀念老艺术家。"

赵抒音去世了，但她塑造的众多生动的艺术形象却常存于广大观众的心中。

附：赵抒音演艺年表

1938—1940年	话剧《张家小店》饰小媳妇，《卖花女》饰卖花女，《"九一八"以来》饰女儿，《放下你的鞭子》饰香姐，《盲哑恨》饰女儿，《毒药》饰妇人，《打鬼子去》饰寡妇	二十集团军妇宣队
1941年	话剧《战歌》（陶金导演）饰樱娘，话剧《人约黄昏》饰女特务	新生活妇女工作队
1943年	话剧《蜕变》饰夏霁如和况太太，《软体动物》饰家庭教师，《野玫瑰》饰小丫头，《蓝蝴蝶》饰女朋友	教育部实验演剧队
1945年	故事片《还我故乡》（史东山编导）饰陈苗影	中国电影制片厂
1946—1947年	话剧《清宫外史》第一部（杨村彬编导）饰瑾妃，《清宫外史》第三部（杨村彬编导）饰珍妃，《红尘白璧》（王瑞麟导演）饰戴妻	中国万岁剧团

1948年	故事片《万象回春》（汤晓丹导演）饰蓝碧华，参演话剧《仇》（寇嘉弼导演）	中国电影制片厂
1949年	故事片《挤》（周彦编导）饰董佩珊	中国电影制片厂
1950年	故事片《女司机》（冼群导演）饰冯小梅	上海电影制片厂
1951年	苏联故事片《伟大的力量》（译制导演范莱）角色配音	上海电影制片厂
1952年	科教片《无痛分娩》（周伟导演）饰医生	上海电影制片厂
1953年	话剧《妇女代表》（陈西禾导演）饰张桂容	上海电影演员剧团
1954年	故事片《妇女代表》（陈西禾导演）饰张桂容，《不能走那条路》（应云卫导演）饰秀兰，《伟大的起点》（张客导演）饰厂长之妻	上海电影制片厂
	意大利故事片《罗马——不设防的城市》角色配音	上海电影制片厂
1956年	话剧《刘莲英》（舒适导演）饰刘莲英	上海电影演员剧团
	故事片《小白旗的风波》（高衡导演）饰凤芝	上海电影制片厂
	话剧《归来》（强明、孙景路导演）饰童忠云	上海电影演员剧团
1957年	故事片《谁是被抛弃的人》（黄祖模导演）饰杨玉梅	海燕电影制片厂
1958年	话剧《啼笑之间》（凌之浩导演）饰唐科长妻子，参演《高等垃圾》等	上海电影演员剧团
	故事片《大跃进中的小主人》（谢晋导演）饰辅导员	天马电影制片厂

1958年	故事片《海上明灯》（舒适导演）饰王海海,《老兵新传》（沈浮导演）饰秘书,《常青树》（赵丹导演）饰洪师母	海燕电影制片厂
1959年	故事片《聂耳》（郑君里导演）饰江嫂,《万紫千红总是春》（沈浮导演）饰儿媳,《今天我休息》（鲁韧导演）饰刘苹,故事片《三个母亲》（徐苏灵导演）角色配音	海燕电影制片厂
	西班牙故事片《影子部队》（译制导演时汉威）角色配音	上海电影译制厂
	科教片《保护牙齿》角色配音	上海科教电影制片厂
1960年	故事片《激流》（强明导演）饰局长母亲	海燕电影制片厂
	匈牙利故事片《圣彼得的伞》（译制导演时汉威）角色配音	上海电影译制厂
	纪录片《人民教师吴佩芳》配音	上海科教电影制片厂
1961年	故事片《李双双》（鲁韧导演）饰大凤	海燕电影制片厂
1962年	话剧《三月三》饰桂芳,《相亲记》饰妈妈,《柜中缘》饰妈妈	上海电影演员剧团
1963年	故事片《金沙江畔》（傅超武导演）饰金秀	天马电影制片厂
	参演话剧《白杨树下》（齐衡导演）	上海电影演员剧团
1964年	话剧《志在四方》（中叔皇导演）饰妈妈	上海电影演员剧团
	故事片《年青的一代》（赵明导演）饰夏淑娟	天马电影制片厂
1965年	故事片《柜台》（殷子导演）饰居委会主任	天马电影制片厂
	故事片《这是我应该做的》（张天赐导演）饰护士长	海燕电影制片厂

1971—1972年	话剧《赤脚医生》(鲁韧导演) 饰小苗娘, 话剧《毛主席万岁》饰董大娘	上海电影制片厂
1972—1973年	话剧《第二个春天》(桑弧、王秀文导演) 饰刘母	上海电影制片厂
1973—1974年	故事片《渡江侦察记》(汤化达、汤晓丹导演) 饰陈老奶奶	上海电影制片厂
1974—1975年	故事片《春苗》(谢晋、颜碧丽、梁廷铎导演) 饰小龙奶奶	上海电影制片厂
1976年	故事片《朝霞异彩》(导演王洁、中叔皇) 饰奶奶	上海电影制片厂
1978年	话剧《三月三》任导演之一	上海电影演员剧团
1979年	电视剧《玫瑰香奇案》(郭信玲导演) 饰范大妈	上海电视台
	故事片《蓝光闪过之后》(傅超武、高正导演) 饰董阿姨,《我们的小花猫》(吴贻弓、张郁强导演) 饰奶奶	上海电影制片厂
1980年	故事片《海之恋》(赵焕章导演) 饰立秋妈,《飞吧,足球》(鲁韧导演) 饰罗母,《爱情啊你姓什么》(颜碧丽导演) 饰吴老太太	上海电影制片厂
1981年	故事片《检察官》(徐伟杰导演) 饰周郁芬,《子夜》(桑弧、傅敬恭导演) 饰桂英母亲	上海电影制片厂
	故事片《心灵深处》(常彦导演) 饰欧阳兰母亲	长春电影制片厂
1982年	参演故事片《特殊家庭》(温锡莹导演)	上海电影制片厂
	故事片《小城细雨》(江世雄导演) 饰沈大妈	河南电影制片厂
1983年	故事片《华佗与曹操》(黄祖模导演) 饰吴夫人	上海电影制片厂

1984年	故事片《二十年后再相会》（石晓华导演）饰袁母	上海电影制片厂
1985年	故事片《公寓》（刘欣导演）饰高妈	珠江电影制片厂
	参演故事片《留在海边的脚印》（吴培民导演）	渤海影视公司
1986年	参演电视连续剧《在水一方》（小岛、李忠信导演）	江苏电视台
1987年	故事片《业余警察》（原野导演）饰何母	潇湘电影制片厂
1992年	电视剧《回娘家》（高建国导演）饰孙妈	潇湘电影制片厂
1996年	电视剧《今天我离休》（江平导演）饰刘苹	上海求索影视公司上海电影制片厂
2000年	参演电视连续剧《夏妍的秋天》（沈好放导演）	北大星光集团
2001年	电视连续剧《越活越明白》（吴培民导演）饰好婆	上影集团上海安氏影视公司

章煌远

1952年生于上海，赵抒音之子。上海人民出版社副编审。在《上海大学学报》《社会科学报》《编辑学刊》等报刊上发表文章多篇。

追随高贵的灵魂

——记第33届南丁格尔奖获得者吴静芳

徐　玲

吴静芳，1926年生于开封，1943年就读河南省开封私立静宜女中，1947年毕业于河南省商丘圣保罗医院附设高级护士职业学校。曾任南京大学医院、解放军第四军医大学、第五军医大学医院护士，商丘市第一人民医院护理部主任、主任护师，河南省护理学会理事，商丘地区护理学会理事长，商丘地区医学会副秘书长，地区心理卫生协会常务理事。第33届南丁格尔奖获得者。

吴静芳，知道她的名字是通过网上搜索。我在搜索栏敲出"静宜女中"四个字，网页上便出现很多与静宜有关的条文，最吸引我眼球的是"南丁格尔奖"五个字。我急忙点开，《风雨爱心路 记南丁格尔奖获得者商丘地区人民医院护理部主任吴静芳》的标题赫然出现在眼前。我一直在寻找从静宜女中走出的平凡女性，渴望了解她们在平凡的岗位上不平凡的人生。得知吴静芳老人家还健在，我如获至宝，满心欢喜。我通过商丘的同学，终于联系到了她的女儿，她女儿说母亲八十八岁高龄了，已经无法与人正常交流。出于谨慎抑或还有不为人知的原因，她婉拒了我想要拜访她母亲的请求。我不奢望老人与我侃侃而谈，娓娓道来她的往事，哪怕就见她一面，什么都不言语也好。我想感受一下这位从静宜女中走出来的、荣获南丁格尔奖的吴静芳女士的风采，她的身上一定散发着不同寻常的气质。我也想通过了解吴静芳女士的工作和生活环境，从而感受她圣徒般的献身精神和她因仁慈而散发的迷人魅力。

这是一个春意盎然的季节，在一个阳光灿烂的日子，我们驱车一个半小时的路程到达了商丘。

走进商丘市第一人民医院，院内有一座建筑超凡脱俗，静静坐落在大门内右侧旁一百多米处。这是一座闹中取静的花园洋房，房前的右侧屹立着一块温润而又坚挺的石碑，上面镌刻着这座房屋主人的历史背景。没有想到的是，这座房屋的主人饶大夫是加拿大籍中国相声演员大山的祖父。

走进这座三层洋房，地上铺着年代久远的木质地板，墙壁上挂着的模糊的黑白照片及色彩艳丽的彩色照片把商丘市第一人民医院的前世今生一一展现在我的眼前。追根溯源，我发现吴静芳女士的成长经历与静宜女中、圣保罗医院附设高级护士职业学校，与教会的历史文化息息相关。

商丘市第一人民医院的前身是英属加拿大基督教圣公会于1912年兴办的圣保罗医院。1907年春天，加拿大籍牧师威廉·怀特踏上了豫东这块贫瘠的土地，他所服从的是两个召唤：一是基督世界的召唤，二是世俗世界的召唤。他是受英国基督教圣公会上海联络处会督的差遣来河南开辟传教区的。威廉·怀特和那时期来中国的很多基督徒一样，希望利用对外传教来折射自己国家的民族精神，传播自己认为先进的文化，向遥远的东方大国宣传自己信奉的律条，拯救不相信上帝的人们的灵魂和肉体。带着这样的使命，威廉·怀特首先来到河南开封设立布道所，兴建教堂，将其定名为三一座堂。之后他又沿陇海铁路线向东西扩展，在郑州、洛阳、归德（商丘）等地建立教堂。1910年，他在归德城内双牌坊街建教堂，定名为救主堂。

20世纪初的河南带给威廉·怀特的印象是：这里的国民不信奉上帝，贫穷、落后、没文化，疾病盛行。在传教过程中，人们很难接受他的"上帝福语"，却喜欢接受他的"西药"。他渐渐认识到，此时，拯救人们的病体比拯救他们的灵魂更重要。于是，1912年，怀特在开封开办医院，他用具有传奇色彩的基督教圣人也就是《新约》的作者保罗的名字来给医院命名，这就是最初的"圣保罗医院"。

1915年，怀特将医院迁往归德城（睢阳区）内双牌坊街教堂内，当时称"三一医院"。医院为贫困的病人免费治病，以此向人们传播上帝的"福语"。

1921年，归德圣保罗医院护士学校成立，后于1931年更名为商丘圣保罗医院附设高级护士职业学校。当时，圣保罗医院护士学校只招收中学毕业生，最多时有39名在校生，分四个年级。学校老师像当年的南丁格尔一样，对学生进行现代化的护理训练，他们要求护士不只是护理病人，还要全面地了解病人的心理、家庭、职业和社会环境，向病人宣传预防疾病的知识，并进行出院健康心理指导。

在学校老师的严格训导下，圣保罗医院护士学校大部分毕业生成为具有良好文化教育水平和较高医疗保健知识的护理骨干。这些护理前辈，大部分都坚持在护理岗位上，从事着护理教学和临床护理，她们培养了一大批护理专业人员，为我国的护理事业做出了突出贡献。吴静芳女士就是这所学校培养出的杰出女性之一。

此次之行，我尽管没有见到吴静芳女士，但对她所成长的背景和环境已有初步了解。

一个月后，一次无意间的闲聊，说起南丁格尔奖，我的一位朋友说她妈妈的同事就获得过这个奖。我很惊喜，因为河南获南丁格尔奖的人寥寥无几，吴静芳女士又是第一人。她妈妈果然是吴静芳女士的同事，而且还是吴静芳女士忠实的粉丝。真是踏破铁鞋无觅处，得来全不费工夫。

2014年6月12日，我再次来到商丘，我们一行五人，由朋友的妈妈带队，走进了吴静芳女士的家。朋友的妈妈前些天已经探访过，也说明了来意，吴静芳女士表示愿意接受母校对她的访谈。

老人家住在商丘市第一人民医院家属院，楼群和院落都很破旧，但很有亲切感，有我童年时住过的家属院的味道。一楼家家都有一个小院落，种的花花草草都是我小时候喜欢种的桃红、香花，还有吃的荆芥、青菜，更诱人的是挂满枝头的石榴和葡萄，尽管还不到成熟的季节，但已引人垂涎。

老人家拄着拐棍出来迎接我们，我一眼便认出了比照片上沧桑几许的吴静芳女士。她身材矮小，肤色白皙，面容尤其亲切可爱，最为突出的是她的眼神，投射出令人欢愉的闪着心灵光辉的目光。没有任何东西比她的笑容更加迷人。老人精神矍铄，目光温暖，气质非同一般。除了听力差点外，她思维很敏捷。朋友的妈妈说她年轻时很漂亮，歌唱得很好，老人听见了，张口就唱"姑娘我生来爱唱歌，一唱就是几大箩"，声音响亮，如少女般清脆。这首歌可是我的拿手好戏，我接着唱起了下句："赛罗利赛，赛罗利赛……"

老人家高兴了，乐了，有见到亲人的感觉。

吴静芳女士的老伴张复礼先生是个温文尔雅且又清高的老人，他说：我们不愿意接受采访，过去的事情就过去了，我们已经老了，不能在光环下生活，所有的成就也都是在学校老师们的教育基础上取得的，是大家的功劳，不值得宣扬。我频频点头表示赞同，表示理解，但我还是追问："吴老获得南丁格尔奖一定付出了很多精力，家务谁来承担呢？"老先生或许被我关切的询问触动了，开始不紧不慢、有条不紊地向我们道来吴老的经历。

吴静芳，1926年出生于河南开封。1938年日本人入侵开封时，十二岁的吴静芳目睹了日本鬼子对开封人民的肆意践踏和暴行，特别是对妇女的奸淫掳掠。一时间，女性不论是大人还是小孩都不敢出门，吴静芳的母亲听说静宜女中是美国人办的学校，日本鬼子不敢进入，很多女性都躲进那里避难，于是，就带领吴静芳姐妹躲进了静宜女中。据陆多默修女写的《盖夏嬷嬷的故事》一书中记载："1938年6月，开封遭受日军围困失陷，幸赖天主保护，因修女是美国籍关系，会院得免封查。当地百姓纷纷逃至静宜避难，日军代表会数度来校要求驱逐难民，经修女再三交涉，要求日军不准扰乱百姓的安全后，才使难民返家。"

1938年11月盖夏嬷嬷接到宋美龄的亲笔信："目前我国国难当头，凡在我国内居住的侨民，无论男女老少，皆当共赴中国国难，以谋求中国最后的胜利与和平。有学校的暂且停课，把校舍让给当地难民来避难，协助国军伤兵、医院，为伤兵服务。"

院长把蒋夫人的信函念给大家听过之后，便马上行动。因为盖夏院长和她的修女们多为美籍，有飞机来轰炸，可把美国国旗插在屋顶上。凡有美国国旗的地方，飞机就飞过去不炸。于是，修女们提前把国旗准备好，以备不时之需。

1938年，静宜女中暂时停课，接受难民居住在校园及教室里。盖夏嬷嬷带领修女们在校园里搭了帐篷，据说接纳了难民一万多人。

据台湾崇明女中王修女回忆说，静宜女中收容的难民全部是妇女和儿童。为了保护这些善良无辜的中国妇女和儿童，盖夏嬷嬷带领修女们一边到火车站救助伤兵，一边四处奔波寻找粮食，与日军周旋。家住静宜女中附近侯家胡同37号的王老太太回忆说，她母亲带领她们姐妹仨都躲进了静宜女中，母亲不放心家里的父亲和弟弟想回家探望，就用煤灰把脸抹黑，一同避难的难友还剪给她几缕白发覆盖在头上。王老太太说："日本鬼子可孬孙，见了妇女就抢，女人哪敢出门。我妈妈就这样装扮一番才敢回家，幸亏没有遇到日本鬼子，遇上了后果也是不堪设想。"这时，随妈妈一起躲进静宜女中避难的吴静芳，也目睹了日本鬼子在家乡肆意践踏的现状，亲眼看到了嬷嬷们为了救助伤员每天在火车站、医院来回奔忙。爱与恨交织在吴静芳这位少女的心中，她决心报考静宜女中，并立志将来学医，也像盖夏嬷嬷她们那样为救助百姓奉献自己无私的爱。

　　1942年，吴静芳女士以优异的成绩考取了当时赫赫有名的河南省私立静宜女中。在校期间，她不仅受到中国传统文化教

1937年修女们在火车站救助伤兵

吴静芳在静宜女中的点名册

育，同时也受着西方文化及宗教文化的影响。在静宜女中，她第一次听到一个伟大的名字——南丁格尔。南丁格尔是1820年出生在英国名门望族的一个小姐。1854年，英俄克里米亚战争期间，英国军队的伤病员死亡率高达百分之五十以上。南丁格尔知道后，自愿率领由38名护士组成的救护队，参加战地医院的救护工作。她不但在卫生、保养、护理等各个方面采取良好的措施，而且经常提着马灯在夜间巡视病房。在她的努力下，伤病员的死亡率下降到百分之二点二。

《南丁格尔传》的译者叶旭军这样评价南丁格尔：

> 她是一位最受世界各国人民尊敬和爱戴的女性。这位集美貌、财富、智慧、胆略、公义、仁爱于一身，被世人誉为"提灯女神""护理先驱"的杰出女性，以毕生的护理事业和悲天悯人的高贵情怀为人类文明贡献了值得永世仰赖的精神

财富。

　　她要把这份"卑贱"的职业提升为受人尊敬的高贵职业，让从业的护士以其圣洁的人品、谦恭的态度、精湛的技艺、无私的奉献成为世人心目中的"救护天使"，为天下苍生谋福祉。

　　吴静芳被南丁格尔的伟大精神所震撼，决心学医救国，像南丁格尔和盖夏嬷嬷那样奉献自己的爱心，造福人类。

　　1943年，吴静芳女士以优异的成绩从静宜女中毕业，并以第一名的成绩考取了她所向往的学校——圣保罗医院附设高级护士职业学校。

　　1944年豫东爆发了霍乱，一批批霍乱病人被抬进医院。这时的吴静芳还在学校读书，盖夏嬷嬷在抗战期间腾出校舍救助难民，带领嬷嬷们到火车站救治伤病的那一幕仍历历在目。于是，她毫不犹豫地放弃听课，积极参加抢救工作，为病人清洗、喂药、打针，尽其所能救死扶伤，减轻病人的痛苦。霍乱是一种恶性传染疾病，病人上吐下泻，十分肮脏，但吴静芳不怕受传染的危险，日夜工作在救护现场，抢救贫苦人的生命。这次经历让她第一次感受到了护士职业的伟大与神圣，使她更加向往与憧憬这个天使般的职业。

　　有人说，是护理事业的创始人南丁格尔把"护士"变成了"天使"。南丁格尔在英国创建了南丁格尔护士学校，护理开始成为一门科学，一种专门职业。她为人们描述了护理学的内涵——"担负保护人们健康的职责，以及护理病人使其处于最佳状态"。在中国，第一个把"护士"变成"天使"的学校是协和护士学校，它创立于1919年。鲜为人知的是，创立于1921年的商丘圣保罗医院护士学校其实只比协和护士学校晚创立两年。

根据吴静芳回忆，在学校时期，护士服装为白色旗袍式工作服，要求配白袜、白色胶底鞋、白色燕尾式护士帽，帽上有一黑色线条的为正式护士。在平时，护士长对护士的工作要求非常严格，稍有违规就要受训斥或者处罚，轻则不准戴护士帽——因为护士帽是资格和荣誉的标志，重则辞退。她们训练有素，说话细声慢语，走路轻巧灵活。规范严格的训练深深地影响了吴静芳女士，她始终如一的一丝不苟的职业态度无不带有圣保罗医院附设高级护士职业学校的烙印。

1947年，吴静芳从圣保罗医院附设高级职业护士学校毕业。1949年，中华人民共和国成立后，她积极地为渡江的解放军战士进行血吸虫防治，并荣立三等功。

1950年朝鲜战争爆发，同年10月25日，吴静芳自愿报了名，担任抗美援朝医疗团护士长。冒着摄氏零下三十多度的严寒和敌机的疯狂轰炸，不顾炭疽烈性传染病的危害，她以不竭的柔

赴朝鲜战争前线的吴静芳

情和勇气服侍伤员和奄奄一息的病患。同时，她还为护士们编写讲义，普及战地医疗常识。为了减轻伤员的痛苦，她还组织文艺演出，并亲自为战士们演唱。她声情并茂的表演深受战士们的喜爱，给浴血中的战士们以心灵安慰，大家昵称她为"战地百灵"。她不怕严寒，砸开冰窟，清洗战士们的血衣，双手冻得红肿，最后连皮肉都绽开了。

当战士们需要输血的时候，吴静芳女士毫不犹豫地献出自己的鲜血。当吴静芳女士的血液流进战士身体的那一刻，她已经把自己的生死置之度外了，严格恪守着一个护士的职业道德。她从死神手里硬是救下了那些"无可救药"的患者的生命，以她精湛的护理技艺使患者起死回生。受伤的战士们撕心裂肺般的疼痛令她感同身受，她一边精心护理，一边暖语抚慰，给予了战士们战胜困难的勇气和希冀。为此她获得了"抗美援朝保家卫国功劳证"。

1955年，吴静芳放弃舒适的生活和优越的医疗条件，来到当时还很贫穷的商丘，留在商丘专区医院（现在的商丘市第一人民医院）从事临床护理和管理工作。

有一次，一个病人大出血，但是血库里面库存血短缺，吴静芳女士不顾自己身体的虚弱，再次为病人献血。她还曾经对心脏骤停的患者实行人工呼吸。困难时期，看到有的病人饥饿难忍，哪还有力气养病呢？于是她将自己的口粮分给病人，帮助病人恢复身体。还有一次，已经是凌晨一点多了，有一位孕妇难产，需要她上门出诊，但这时外面又下着瓢泼大雨，吴静芳女士不顾自己的安危，冒雨前去抢救难产患者，最终保得母子平安。清晨，在回家的路上，由于路滑，加之一夜辛劳抢救，她体力不支滑倒在地，摔断了尾骶骨。

在辛苦的护理工作之外，吴静芳还举办专业护理学习班、护理技术操作表演赛，组织学术论文交流会及专题讲座等，为商丘市护理事业的发展和提高做出了很大贡献。

那时商丘地区浮肿病、流脑病发病率很高。为了尽快控制和根除这些疾病，她主动带领护士到商丘县的郭村和临河店进行调查，宣传医疗知识。逢集逢会，她就在群众中间表演自己编写的快板书，演唱自己按曲谱改写歌词的歌曲。有的同志嫌丢人，她却说："解除人民的痛苦，怎么能是'丢人'呢？这是最大的光荣！"是的，群众那热情而崇敬的目光不正是对她爱心的报答吗？在民权县龙塘乡防治浮肿病，她一住就是一年。每天，她和医疗队的队员们骑着自行车早出晚归，走村串户，送药宣传。家里的孩子还小，她也顾不了，孩子出麻疹发高烧，她也没能回家照顾，因为农村的病人更需要她。她看着那一个个浮肿病人，心难受得好像在滴血。她把自己的口粮送给浮肿病人，自己用萝卜丁充饥，却也吃得津津有味。

1976年唐山大地震后，商丘市第一人民医院积极接纳伤员。当时，吴静芳正患甲状腺机能亢进，她不顾病痛，立即投入紧张的救治工作。在防震棚中，她日夜守护着伤员，不仅认真地给他们治病，还想尽办法安抚他们的情绪。有的伤员衣物和食品不够，她二话没说，从自己家中拿来。一批批伤员得以恢复健康并重返家园，临走时，都要找到他们尊称的"吴大姐"，挥泪告别。

吴静芳女士多次以"护理——社会上崇高事业，护士——人们给予的光荣称号"为题作报告，不断激发豫东地区广大新老护士尽心保护群众健康的热情和信念。她动员本单位26名要改行的护士归队，为稳定护理队伍做出了积极努力。

1989年，她的事迹被写入《中国当代护理名人录》。她曾被评为地区先进、十大女杰，获省红十字会荣誉会员、三八红旗手荣誉和河南省五一劳动奖章，并享受国务院特殊津贴。

1991年红十字国际委员会评审决定授予吴静芳第33届南丁格尔奖章，以表彰她无私奉献的精神和骄人的业绩，这也是国际护理界的最高荣誉奖项。7月18日在北京中南海怀仁堂，全国人大常委会委员长万里向吴静芳女士颁发了奖章和证书。她是该届获奖者中唯一的中国人。

有人这样评价南丁格尔：南丁格尔小姐属于世上最了不起的那一类人，他们可以称之为世界公民；她的影响力已远远超出了她的祖国。从某种特殊意义上说，她永远是那些追随她的脚步、从事她实实在在开创的护理事业之人的典范。我们应当永存感恩之心，感激她为护士树立的光辉榜样。从她身上可以看到，护士们应该以开阔的心胸去理解工作的终极目标，并持之以恒、永不懈怠地献身实际的护理工作。

追随着南丁格尔小姐的脚步，吴静芳成长为了这样一位出类拔萃的护士。

后 记

研究静宜文化的初衷源自静宜女中时期的一张老照片，我被照片中文雅清秀的女子独有的气质震撼了。这所学校的前世是怎样的一个状况？那时的女性接受怎样的教育？她们对爱情有着怎样的向往，与我们现代的女性有着怎样的差异？带着好奇之心，我利用课余时间开始了走访静宜健在老校友的"旅程"。

2008年初春，一个乍暖还寒的日子，河南大学图书馆馆长王学春老师陪我走访了静宜后人——静宜女中第二任校长高永昌的女婿和当时八十八岁高龄的校友何玉芬老师。叙说当年，何玉芬老师如数家珍，模糊的记忆渐渐清晰。第一次采访让我触到了静宜文化跳动的脉搏，更增加了我探寻之决心和继续挖掘静宜历史的勇气。

也许是上天对静宜文化的眷顾，2009年底我在走访过程中遇到了张大中先生的妹妹张可心女士。她与徐小棣老师走进了我们校园，追溯她母亲王佩英女士当年在静宜女中接受着怎样的教育，寻找她母亲的精神源头。次年3月，刚刚接任开封八中校长一职的王世伟，与张大中先生在北京因机缘而得以见面。相识相知短短几个月，2010年9月张大中先生捐资成立了以他母亲名字命名的"王佩英慈善基金"，在学校设立奖学金，为在校学生提供免费早餐奶及丰盛的午餐，每年为每位学生提供一套校服，并提供15万元的境外游学活动资金。五年来，他已为学校捐资一千多万元。

在探寻静宜文化源头，走访静宜老人和她们的后人的过程中，越来越多的美丽女性从故纸堆里，从后人的回忆中浮出。她们性格禀赋迥异，在大时代的背景下，命运跌宕，却一直秉承了当初静宜教育之精髓，坚守本心，不忘初衷。尤其是王佩英女士不畏强权、献身信念的勇气，给我极大震撼和警醒。在不断叩问和思考的同时，一个想法油然而生：何不把她们的人生故事整理、书写出来？这不仅仅是一份历史文化资料，更是一份宝贵的精神财富，能让静宜文化得以传承并惠及后人。

在寻访过程中，我得到了静宜女中健在的老校友和静宜后人全力而无私的支持，有的自告奋勇提供素材，有的亲自书写、反复修改，力图还原从静宜女中走出的各位女性真实而生动的形象。尤其在王佩英慈善基金会的大力支持下，这本呈现静宜女性美丽人生的《静女其姝》得以顺利问世。

挑灯夜读，孜孜耕耘，对于一个教师而言是责无旁贷的义务；成就一本书，留给后人，更是我梦寐以求的愿望。在本书付梓之际，欣喜之余，尤当感谢以下各位先生和女士：

感谢开封市原副市长张家顺先生，他在百忙之中研读资料，不辞辛苦，不收分文为《静女其姝》作序。序文严谨、中肯，亲切而富有情感，客观而不疏离，赞美而不逢迎，是对静宜女性真挚而诗意的褒奖。

感谢开封市文联孔令更老师，他以独到的眼光、渊博的学识将该书命名为《静女其姝》。

感谢姐姐徐琴对我不遗余力的支持，我每次出炉的文章背后都有她的心血和字斟句酌，她给我勇气组稿、编辑、书写此书并使之最终亮相于众。

感谢书中的各位作者。静宜后人张弦老师，为了亲身感受母亲的经历，特意从北京来到开封，坐在静宜女中校史馆，与我畅谈母亲温暖而难忘的别样人生。感谢王津津大姐欣然接受约稿写小姨孙维世坎坷的人生，她的文字中带着深深的思念，以此触摸小姨不屈的脉搏。感谢任均的儿子王克明老师、赵抒音的儿子章煌远老师，以及王克勤远在海外的两位女儿吴北霞、吴北跃女士，他们都用自己真切的文笔书写了母亲的点点滴滴。

　　更由衷地感谢张大中先生、张可心女士和王佩英慈善基金会的负责人王文君先生对此书出版的鼎力支持。感谢生活·读书·新知三联书店的编辑胡群英老师，她对此书的内容很感兴趣，是静宜优秀女性不凡的气质和事迹深深打动了她。我们便有了共同愿望，一定要把静宜女性不同的命运和心灵成长史呈献给读者。

　　无知者无畏。虽然没有深厚的历史和文字功底，但我仍选择勇往直前编著这本书，唯愿以一腔热血为任教的母校尽一点绵薄之力。对于书中的欠缺和不足，还请读者海涵宽宥。我会一如既往地努力！

徐玲

2015年11月于开封